In der gleichen Reihe erschienen:

Bilanzanalyse für Aktionäre
ISBN 3-8029-3641-8

Schnellkurs Investmentfonds
ISBN 3-8029-3615-9

Derivate: Riskant, aber profitabel
ISBN 3-8029-3629-9

Geldanlage ohne Risiko
ISBN 3-8029-3483-0

Aktienstrategien
ISBN 3-8029-3636-1

Mit Aktien ein Vermögen aufbauen
ISBN 3-8029-3637-X

Mit Fonds ein Vermögen aufbauen
ISBN 3-8029-3673-6

Finanzvorsorge für Frauen
ISBN 3-8029-3710-4

Profi-Handbuch Investmentfonds
ISBN 3-8029-3365-6

Profi-Handbuch Aktienanalyse
ISBN 3-8029-3306-0

**Wertpapieranlage:
Kursgewinne durch richtiges Timing**
ISBN 3-8029-3304-4

Spitzenstrategien für Privatanleger
ISBN 3-8029-3688-4

Aktien statt Sparbuch
ISBN 3-8029-3656-6

Internet-Börse
ISBN 3-8029-3674-4

Wir freuen uns über Ihr Interesse an diesem Buch. Gerne stellen wir Ihnen kostenlos zusätzliche Informationen zu diesem Programmsegment zur Verfügung.

Bitte sprechen Sie uns an:
E-Mail: walhalla@walhalla.de
http://www.walhalla.de

Walhalla Fachverlag · Haus an der Eisernen Brücke · 93059 Regensburg
Telefon (0941) 5 68 40 · Telefax (0941) 56 84 111

FRANZ RAPF

AKTIEN
WANN KAUFEN? –
WANN VERKAUFEN?

Die Deutsche Bibliothek – CIP-Einheitsaufnahme

Rapf, Franz:
Aktien : wann kaufen? – wann verkaufen? / Franz Rapf. – 5., aktualisierte Aufl. –
Regensburg ; Düsseldorf ; Berlin : Walhalla-Fachverl., 2000
  (Geld & Gewinn)
  ISBN 3-8029-3614-0

Zitiervorschlag:
Franz Rapf, Aktien: wann kaufen? – wann verkaufen?
Regensburg/Düsseldorf/Berlin, 2000

Hinweis: Unsere Ratgeber sind stets bemüht, Sie nach bestem Wissen zu informieren.
Die vorliegende Ausgabe beruht auf dem Stand von Februar 2000. Verbindliche Auskünfte holen
Sie gegebenenfalls bei Ihrem Steuerberater oder Rechtsanwalt ein.

5., aktualisierte Auflage

© Walhalla u. Praetoria Verlag GmbH & Co. KG, Regensburg/Düsseldorf/Berlin
Alle Rechte, insbesondere das Recht der Vervielfältigung und Verbreitung
sowie der Übersetzung, vorbehalten. Kein Teil des Werkes darf in irgendeiner Form
(durch Fotokopie, Datentransfer oder ein anderes Verfahren) ohne schriftliche
Genehmigung des Verlages reproduziert oder unter Verwendung elektronischer
Systeme gespeichert, verarbeitet, vervielfältigt oder verbreitet werden.
Produktion: Walhalla Fachverlag, **93042** Regensburg
Umschlaggestaltung: Gruber & König, Augsburg
Druck und Bindung: Westermann Druck Zwickau GmbH
Printed in Germany
ISBN 3-8029-3614-0

Nutzen Sie das Inhaltsmenü:
Die Schnellübersicht führt Sie zu Ihrem Thema.
Die Kapitelüberschriften führen Sie zur Lösung.

Aktien gehört die Zukunft! 7

1. Aktien gezielt kaufen 9

2. Den Aktienkauf optimal vorbereiten 39

3. Aktien richtig auswählen 69

4. Aktien erfolgreich verkaufen ... 97

5. Höchstgewinne mit neuen Aktien 117

Findex 125

Aktien gehört die Zukunft!

Das Wichtigste beim Kauf oder Verkauf einer Aktie ist der Zeitpunkt (Timing). Häufig wird das in der Praxis übersehen, meistens sogar absolut falsch gemacht. Denn die meisten Menschen interessieren sich dann für Aktien, wenn sie während einer überschäumenden Hausse-Spirale auf astronomische Höhen geklettert sind. Viele Ersteinsteiger fallen deshalb auf die Nase, weil sie Aktien zu Höchstkursen erwerben.

Dieses Buch hilft Ihnen, den größten aller Fehler beim Kauf einer Aktie zu vermeiden. Erfahrene Anleger wissen aber auch, daß der Verkauf einer Aktie noch schwieriger ist als der Kauf. Das liegt zum Teil daran, daß man sich schwerlich und ungern von seinem Besitz trennt. Es liegt aber auch an der Gier auf höhere Kurse, die einen am Verkauf hindert.

„Wann Aktien kaufen? Wann Aktien verkaufen?" – Das alleine sind die entscheidenden Fragen, die jedes Börsianerherz bewegen.

Vorliegendes Buch befaßt sich deshalb mit den wichtigsten Kriterien, die beim Kauf bzw. Verkauf erfüllt sein müssen.

Wichtig:

Das Buch ist ein praktischer und psychologischer Ratgeber, der den Einstieg und den Ausstieg bei Aktien, Optionsscheinen und Optionen erleichtert.

Werfen Sie einen Blick hinter die Kulissen der Börsenwelt:

- Anhand von kurz zusammengefaßten Checklisten kann der Börsianer sich vor der Entscheidung zum Kauf oder Verkauf noch einmal vergewissern, ob er an das Wesentliche gedacht hat.
- Wer die größten Fehler im Börsengeschäft vermeidet, kann zumindestens gute bis durchschnittliche Ergebnisse erzielen.

Fazit:

Wer sich an die Regeln des vorliegenden Buches hält, wird Gewinne erzielen, die weit über dem Durchschnitt liegen.

Spaß beim Lesen und viel Erfolg in der Börsenpraxis wünscht Ihnen

Franz Rapf

Aktien gezielt kaufen

1

**Der beste Zeitpunkt
für den Aktienkauf**................................ 10

**Prüfen Sie individuell:
Ihre Chancen und Risiken** 11

Timen Sie richtig 12
... Wachstumsaktien 13
... Zyklische Aktien 16
... Hochspekulative Aktien 18
... Casino-Aktien 21
... Neuemissionen 24
... Optionsscheine 26
... Optionen 30

Unterbewertete Aktien kaufen 31

**Die großen Gewinner- und Verlierer-
Aktien des Jahres kaufen** 33

Im Frühling oder im Herbst kaufen? 36

Wahljahre sind gute Börsenjahre! 37

Checkliste: wann kaufen? 38

Nichts ist leichter als an der Börse
viel Geld zu verdienen:
Man kauft Aktien und wartet bis sie steigen.
Dann verkauft man sie mit Gewinn.
Aktien, die nicht steigen, kauft man nicht!

Franz Rapf

Der beste Zeitpunkt für den Aktienkauf

Welche Fragen sollte der Investor bzw. Spekulant vor dem Kauf unbedingt beantworten? Es handelt sich um folgende prinzipielle Erwägungen: Befinden wir uns

- am Anfang einer großen Aufwärtsphase,
- inmitten einer großen Aufwärtsphase,
- am Ende einer großen Aufwärtsphase?

Bereits diese einfachen, aber elementaren Fragen beantworten sich viele Börsianer überhaupt nicht. Sie ignorieren damit das Wesentliche und decken sich beliebig mit Aktien und Optionsscheinen ein. Es ist ein großer Unterschied, ob sich die Hausse im Anfangsstadium oder im Endstadium befindet. Als Faustregel gilt: Läuft die Hausse bereits drei Jahre, ist große Vorsicht angebracht.

Während man am Anfang einer Hausse die Papiere liegen läßt, sind inmitten bzw. am Ende der Hausse nur noch Trading-Transaktionen, d.h. schnelle Käufe und Verkäufe anzuraten.

Eine ideale Einkaufsmöglichkeit bietet sich nach Beendigung einer großen Baisse. Während dieser Phase verlieren die letzten Anleger vollends den Mut und verschleudern ihre Aktien. In dieser Phase ist die Stimmung so schlecht, daß sich inzwischen einfach niemand für Aktien interessiert. Nun ist große Geduld nötig, doch die Zeit arbeitet für den intelligenten Investor.

Achtung:

Immer wieder gibt es an der Börse die ganz großen Ausnahmen. Suchen Sie nach Unternehmen, für die sich in Zukunft hohe, sehr hohe Gewinne abzeichnen. Wenn Sie solche Aktiengesellschaften gefunden haben, dann brauchen Sie sich um die Indizes und ihre Entwicklung nicht besonders zu kümmern. Der Markt honoriert stets, wenn Unternehmen ein hohes Gewinnwachstum vorlegen. Alle anderen Kennzahlen wie Index, Kurs-Gewinn-Verhältnis, Dividende u.a. können Sie dann vergessen.

Prüfen Sie individuell: Ihre Chancen und Risiken

Vor dem Kauf muß der Anleger in jedem Fall abklären, wieviel Chance und wieviel Risiko er haben will. Das gilt zunächst einmal für die Auswahl der entsprechenden Kapitalanlagen.

Es ist ein großer Unterschied, ob man inländische oder ausländische Anleihen erwirbt oder ob man in konservative bzw. spekulative Aktien investiert. Wer auf Optionsscheine und Optionen setzen will, landet selbstverständlich wieder in einer ganz anderen Chance/Risiko-Gruppe. Da es bei Kapitalanlagen immer wieder zu Überraschungen kommt, sollte man die größtmöglichen und unangenehmsten von vornherein ausschließen.

Chart 1: Ihre individuelle Chance/Risiko-Relation

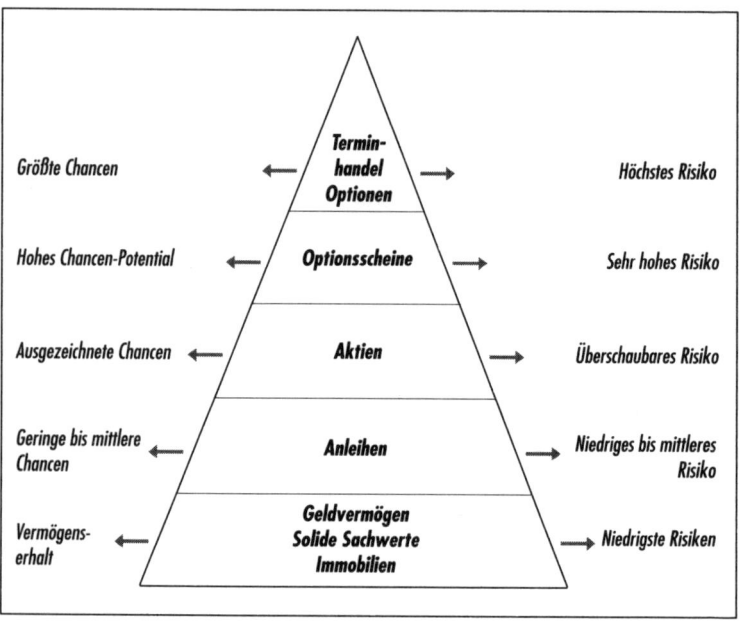

Timen Sie richtig!

Nachdem Sie sich eindeutig für die Anlageform der Aktie entschieden haben, sind die Unterschiede der einzelnen Aktiengruppen darzustellen. Grundsätzlich unterscheidet man folgende Aktientypen:

- Wachstumsaktien
- Zyklische Aktien
- Hochspekulative Aktien
- Casino-Aktien
- Optionsscheine auf Aktien
- Optionen auf Aktien

Praxis-Tip:

Wie in anderen Disziplinen auch, sollte vor allen Dingen der Anfänger zunächst einmal mit einfachen Problemlösungen beginnen: „Wer einen hohen Gipfel erklimmen will, muß den Aufstieg im Tal beginnen." Das hat den Vorteil, daß man sich zunächst in einem sehr einfachen Umfeld befindet. Es ist unsinnig, wenn sich Börsenneulinge sofort mit hochspekulativen Aktien sowie Optionsscheinen und Optionen eindecken. Vielleicht gewinnt man ein paarmal mit Glück. Es wird jedoch nicht lange anhalten. Hohe Verluste sind vorprogrammiert.

Timing bei Wachstumsaktien

Wachstumsaktien gehören in jedem Fall zur Gruppe der konservativen Aktien. Man kann beinahe schon sagen, sie gehören zur konservativen Geldanlage überhaupt. Es ist völlig unverständlich, weshalb viele erzkonservative Anleger solche Papiere meiden und nicht in ihre Depots aufnehmen. In den letzten fünfzig Jahren wurde ungeheuer viel Geld mit ihnen verdient. Das gilt sogar für Anleger, die beim Kauf nicht den idealen Zeitpunkt erwischt haben.

Richtiges Timing ist das am schwersten zu lösende Problem der Geldanlage überhaupt. Der durchschnittliche Anleger hat schon Probleme, wenn er den Zinszyklus bestimmen soll. Mit Aktien wird das Problem auf eine noch höhere Ebene transponiert. Glücklicherweise ist es bei den konservativen Wachstumsaktien etwas einfacher in den Griff zu bekommen.

Diese Aktien haben den Vorteil, daß sie während der ganzen Unternehmensgeschichte fast nur in eine Richtung gehen: Die Kurse steigen nach oben an! Leider nicht jeden Tag und bestimmt nicht mit hundertprozentiger Garantie. Wer die sucht, hat an der Börse nichts verloren. Aber diese Aktien werden in ihrem Anstieg nur durch gelegentliche Baisse-Entwicklungen unterbrochen. Börsianer wissen, daß selbst die beste Aktie der Welt während einer großen Börsentalfahrt in den Abwärtssog gerät.

Beispiel:

Während eines solchen Abwärtstrends kann ein erstklassiger Blue Chip durchaus 20 bis 30 % an Wert verlieren. Dann reiben sich konservative Aktionäre die Hände und greifen zu. Denn jetzt ist der richtige Zeitpunkt gekommen. Man weiß, man hat ein erstklassiges Wachstumspapier sehr preiswert erhalten. Da man aber nie sicher sein kann, ob nicht der Kurs aufgrund irgendwelcher Einflüsse nicht noch weiter absinkt, bereitet man sich vor. Grundsätzlich hält der konservative Investor immer genügend Bargeldreserven, um weitere Aktien hinzukaufen zu können.

Der Nachkauf ist prinzipiell nicht anzuraten. Einzige Ausnahme bilden die konservativen Wachstumswerte.

Praxis-Tip:

Bei den klassischen Wachstumswerten ist, falls sich die Baisse fortsetzt, auch noch ein dritter Nachkauf zu empfehlen. Die Börsengeschichte lehrt, daß sich diese Papiere immer wieder erholt haben. Dies geschah sogar nach den größten Rückschlägen überhaupt, so z.B. auch nach den ungeheuren Kursstürzen während des großen Börsenkrachs von 1929. Wer in dieser furchtbaren Baisse nicht die Nerven verlor, fuhr langfristig wieder in die Gewinnzone. Börsenneulinge konnten damals den Grundstock für große Vermögen legen.

Chart 2: Anlagetypischer Kursverlauf am Beispiel eines Zehn-Jahres-Charts einer internationalen Wachstumsaktie

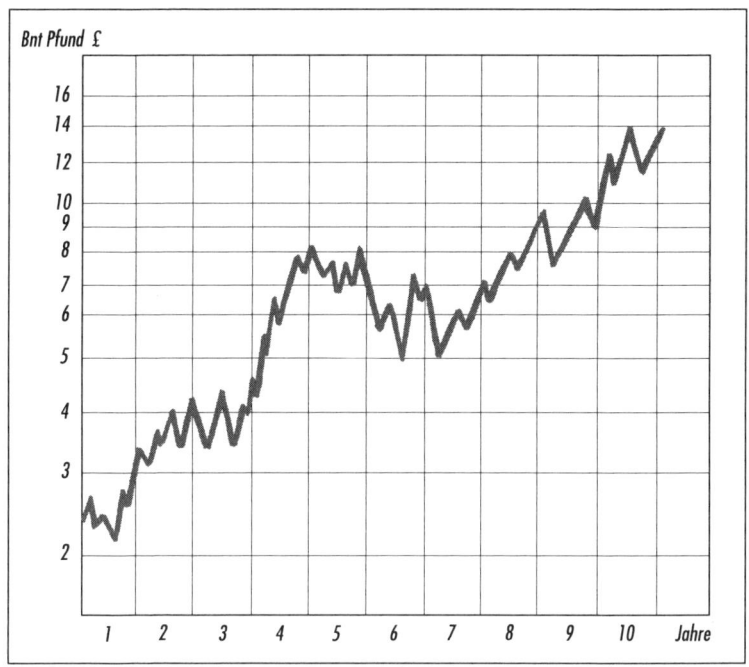

Wichtig:

Zu den großen Wachstumsaktien-Märkten gehören Branchen wie Konsum, Pharma und ausgewählte Energie- und High-Tech-Unternehmen. Aktiengesellschaften, z.B. Coca Cola, Nestlé, Unilever, Merck + Co. und General Electric, stehen ständig auf der Beobachtungsliste der Aktionäre. Die großen Wachstumsaktien der Welt erkennen Sie ganz einfach am deutlich ausgeprägten Chartbild. Langfristig, d.h. über zehn oder zwanzig Jahre hinweg, muß der Kurs einen klaren Aufwärtstrend vorlegen.

Timing bei zyklischen Aktien

Im Gegensatz zu konservativen Wachstumswerten gibt es bei den zyklischen Aktien keine so einfache Kaufstrategie. Zyklisch bedeutet, daß man sich in starker Abhängigkeit vom Konjunkturzyklus befindet. Das gilt vor allem für Unternehmen aus klassischen zyklischen Branchen wie beispielsweise Bau, Chemie, Maschinenbau, Automobile und Rohstoffe.

> **Praxis-Tip:**
>
> Bevor Sie sich für zyklische Aktien entscheiden, sollten Sie die Unternehmensgeschichte und den Kursverlauf so genau wie möglich studieren. Denn wer zyklische Aktien zum falschen Zeitpunkt kauft, d.h. bei Höchstkursen einsteigt, der kann sehr böse Überraschungen erleben. Verluste von über 50 %, ja bis zu 80 und 90 % sind möglich. Nach Konkurs und Bankrott muß bei den Schlechtesten der Branche sogar ein Totalverlust mit einkalkuliert werden.

Neben dem Studium des Einzelcharts ist die gesamte Branche unter die Lupe zu nehmen. Eine Automobilaktie sollte man nur dann kaufen, wenn in Zukunft generell ein großer Absatz an Automobilen zu erwarten ist. Kann man diesen nicht prognostizieren, so läßt man die Hände davon. Selbst der beste Einzelwert ist in einer solchen Phase vergleichsweise chancenlos. Viel zu viele Anleger und Aktionäre quälen sich mit der falschen Branche herum. Manche sind geradezu manisch versessen auf eine ganz bestimmte Branche.

Besser ist es, man trennt sich von solchem ideellen Ballast und sucht nach einer neuen aussichtsreichen Branche. Überzeugende Hausse-Phasen und starke Baisse-Phasen sind das Strukturelement aller zyklischen Aktien. Wenn Sie nur „himmelhoch jauchzend" und nicht „zu Tode betrübt" erleben wollen, dann müssen Sie bei diesen Titeln auf der Hut sein. Grundsätzlich kann man nur nach einer ausgestandenen Baisse, im neu erfolgten Aufwärtstrend kaufen. Solange sich der Aufwärtstrend nicht eingestellt hat, sollte man das Papier meiden. Wer zu früh eingestiegen ist, sollte überlegen, ob er nicht nach 10 % Verlust spätestens aussteigt. Durchhalten lohnt nur, wenn es sich um einen Branchenbesten mit guten Aussichten handelt.

Chart 3: Klassische dynamisch-zyklische Aktie

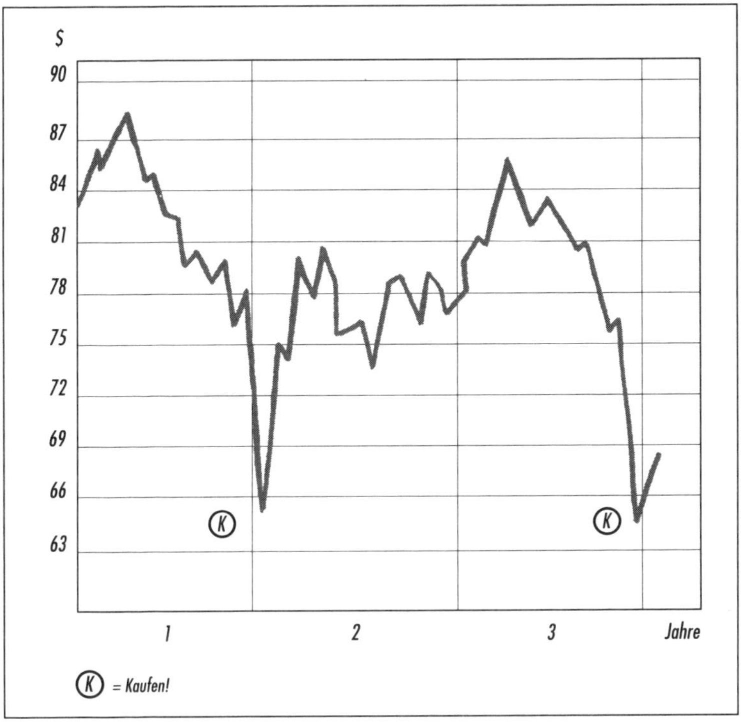

Der Drei-Jahres-Chart zeigt zwei deutliche Konfigurale einer klassisch-zyklischen Aktie. Bei solchen Chart-Formationen können Sie auf mittlere Frist den Turn-Around nutzen.

- *Der ideale Einstieg*

Theoretisch läßt sich der ideale Einstieg leicht vermitteln. In der Praxis ist das nicht ganz so einfach, doch gibt es Indizien, die den Kauf erleichtern. Grundsätzlich sollte beim Kauf der Aktie noch tiefer Branchenpessimismus herrschen. Dieser muß so weit fortgeschritten sein, daß es bereits zu niedrigen Umsätzen gekommen ist. Die meisten Anleger, die verkaufen wollten, haben bereits tatsächlich verkauft. Niemand kann den Tag genau bestimmen, wann der letzte negativ orientierte Börsianer seine Stücke auf den Markt geworfen hat. Aber man hat in etwa den richtigen Zeitpunkt bestimmt. Viel schwieriger ist der Verlauf des folgenden Kursanstiegs. Man befindet sich in der Zwickmühle und weiß nicht, wann man das Papier wieder abstoßen soll. Doch diese Probleme zählen für zyklische Anleger zu den angenehmsten.

Timing bei hochspekulativen Aktien

Der Umgang mit hochspekulativen Aktien ist für echte Spekulanten ein Hochgenuß. Es handelt sich dabei um extrem kursbewegliche (volatile) Aktien. Ihre Kursschwankungen unterscheiden sich stark von den konservativen Wachstumsaktien. Tagesschwankungen von 5 %, 10 % oder mehr sind keine Seltenheit. Börsenneulinge sollten diese Papiere grundsätzlich meiden. Sie sind erfahrenen Börsianern vorbehalten.

Zu den typischen hochspekulativen Papieren gehören die rangniedrigsten zyklischen Aktien – man kann auch sagen, die branchenschlechtesten dieser Spezies. So ist es z.B. ein großer Unterschied, ob man sich im Falle der Automobilbranche für General Motors, Ford, Volkswagen oder Porsche entscheidet. Kann man die ersten drei als klassische Zykler einstufen, handelt es sich bei Porsche um ein hochspekulatives Papier. Wer es nicht glaubt, soll sich einen aktuellen Porsche-Chart besorgen und ihn auf lange, mittlere und kurze Sicht untersuchen. Insbesondere Anfänger sollten einmal den Kursverlauf von Coca-Cola-Aktien mit Porsche-Aktien vergleichen. Dadurch wird unmittelbar klar, was gemeint ist.

- *Rohstoffaktien*

Zu den hochspekulativen Papieren, die von Spekulanten besonders gerne angenommen werden, zählen ausländische Rohstoffaktien. Diese Unternehmen sind besonders stark konjunkturabhängig und reagieren auf die kleinste Nachricht. Dies können Nachrichten und Informationen aus Politik, aus der Branche selbst, über Währungen u.a. sein. Es gibt nichts, worauf Rohstoffaktien nicht reagieren. Besonders gravierend sind politische Umstürze, Neuorientierungen, ja sogar Skandale von Politikern schlagen auf die Kurse von Rohstoffaktien voll durch.

- *Der ideale Einstieg*

Ähnlich wie bei zyklischen Aktien ist der ideale Einstieg am Ende einer Baisse zu suchen. Die Aktien müssen fast bei Null stehen. Das klingt übertrieben, zeigt aber die Richtung. Eine Ausnahme hiervon bilden z.B. High-Tech-Unternehmen, die in eine neue Dimension vorstoßen. Typisch hierfür ist die Erfolgsgeschichte junger US-amerikanischer Unternehmen. Aus der kleinen Garagenfirma wird zunächst eine Penny-Stock-Aktiengesellschaft. Später bildet sich daraus ein großer Konzern nach dem Vorbild von Apple oder Microsoft. Bei solchen Aktien gibt es keine charttechnische Bodenbildung mehr. Es ist aussichtslos, auf einen Kurszusammenbruch zu warten, sondern hier muß man in die steigenden Kurse hinein kaufen. Wer dem auserwählten Unternehmen eine große Zukunft prophezeit, kann nur so handeln. Die immer wieder nach oben kletternden Kurse sind geradezu ein Indiz für den weiteren Kursanstieg.

Praxis-Tip:
Als hochspekulativ sind auch Aktien zu bezeichnen, die sich in einer Übernahmesituation befinden. Wenn die Übernahme bekannt ist, geht es nur noch um den Preis, d.h. um den Kurs der zu übernehmenden Aktien. Solange die Übernahme nur in Form eines Gerüchtes über das Börsenparkett schwebt, wird heiß spekuliert. Beteiligen Sie sich daran nur, wenn die Aktien zu einem einigermaßen fairen Preis gehandelt werden. Astronomischen Kursen sollte man nicht nachlaufen.

Die folgenden zwei Chartformationen stellen typische hochspekulative Aktien dar:

Chart 4: Kaufen nach dem Ende der Baisse

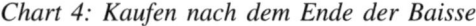

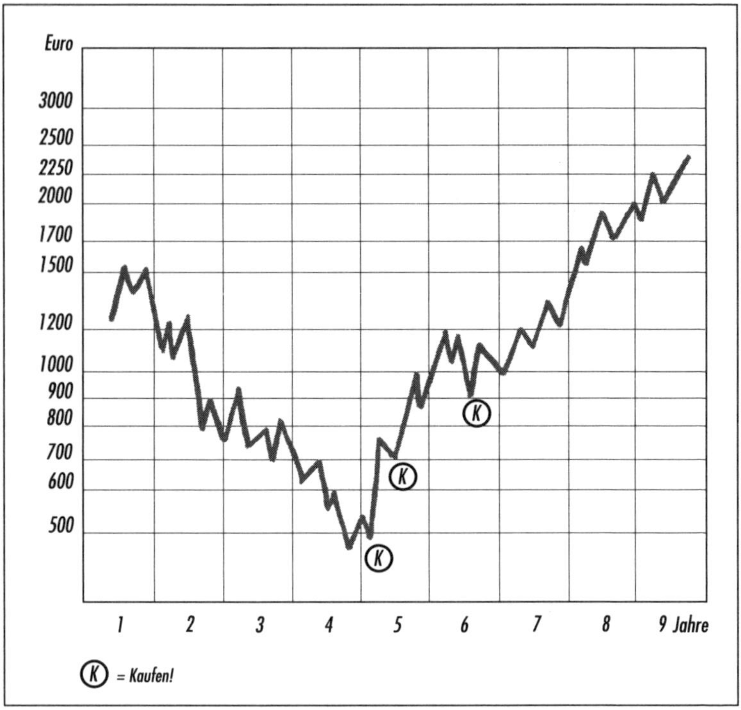

Kaufen Sie hier nach dem Ende der Baisse! Vorsichtige Anleger warten so lange, bis sich der neue Aufwärtstrend festigt.

Chart 5: Kaufen in steigende Kurse hinein

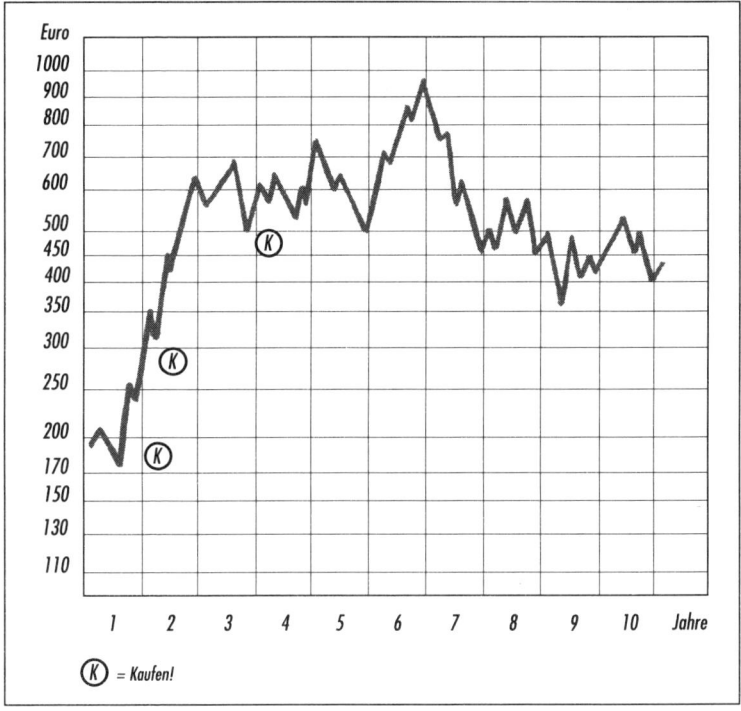

Kaufen Sie hier in steigende Kurse hinein! Ab dem siebten Jahr gibt es kein Kaufsignal mehr.

Timing bei Casino-Aktien

Das Casino ist grundsätzlich nur für spielfreudige Persönlichkeiten geeignet. Man verbringt dort einen schönen Abend, die Atmosphäre ist hervorragend: Champagner, Kronleuchter u.a. sorgen für gute Stimmung. Meistens ist das Geld am Ende des Abends weg, doch wenigstens auf angenehme Art und Weise.

Ganz anders beim Totalverlust einer Casino-Aktie. Sie erhalten lediglich einen Auszug von Ihrer Bank. Darauf steht 0,00. Das ist absolut unromantisch und mit einem Abend im Spielcasino nicht zu vergleichen. Entscheiden Sie selbst, auf welche Art und Weise Sie Ihr Geld lieber verlieren.

Andere Namen für Casino-Aktien sind Spielerpapiere, Zocker-Aktien, Zombie-Aktien, Non-Valeurs u.a. Sie alle haben die große Chance, sich auf Null zuzubewegen. Sie haben jedoch auch die echte Chance, enorme Profite abzuwerfen. Wer Casino-Aktien kauft, tut das nicht, um 20 oder 30 % zu gewinnen. Hier müssen es mindestens 100 % sein, nach oben gibt es keine Grenzen.

Tatsächlich ist die Chance bei Casinopapieren größer als im Casino selbst. Sie liegt mindestens im Verhältnis 1:1. Man kann das Risiko abfedern bzw. mildern, wenn man die Umstände vor dem Kauf so genau wie möglich recherchiert. Reizvoll sind Firmenzusammenbrüche, an deren Ende eine Übernahme stehen kann. Dann muß allerdings noch zumindest ein Hauch von Substanz da sein. Selbst wenn alles Geld weg ist und enorme Schulden aufgehäuft wurden, kann diese Substanz z.B. in Form eines Patents oder einfach in einem guten Namen bestehen.

Beispiel:

Würde, was natürlich in der Praxis völlig ausgeschlossen ist, der Daimler-Konzern zusammenbrechen, so gäbe es genügend Interessenten und echte Nachfrage nach dem Mercedes-Stern. Der alleine ist mindestens 1 Milliarde wert. Bei kleineren Unternehmen ist diese Einschätzung erheblich schwieriger. Scheuen Sie sich in solchen Fällen nicht, den Rat Ihrer Bank oder anderer Anlageexperten zu erbitten, da sie der Angelegenheit nachgehen können.

Achtung:

Sehr schwer tut man sich bei ausländischen Aktiengesellschaften, die fernab ihre Geschäfte betreiben. Falls man keine eindeutigen Informationen bekommt, sollte man lieber die Finger davon lassen. Das gilt im besonderen für kleine Minengesellschaften, die häufig bevorzugte Spekulationsobjekte sind. Wenn

Sie sich schon für ausländische Casinowerte interessieren, entscheiden Sie sich im Zweifel für die großen Namen. Immer wieder gibt es große Unternehmenszusammenbrüche. Selten verschwinden die Namen bzw. Aktivitäten des Unternehmens ganz. Meistens werden zumindestens Teile davon übernommen. Bleibt zum Schluß nur die Frage der Bewertung.

Chart 6: Klassischer, aber seltener Turn-Around einer Casino-Aktie

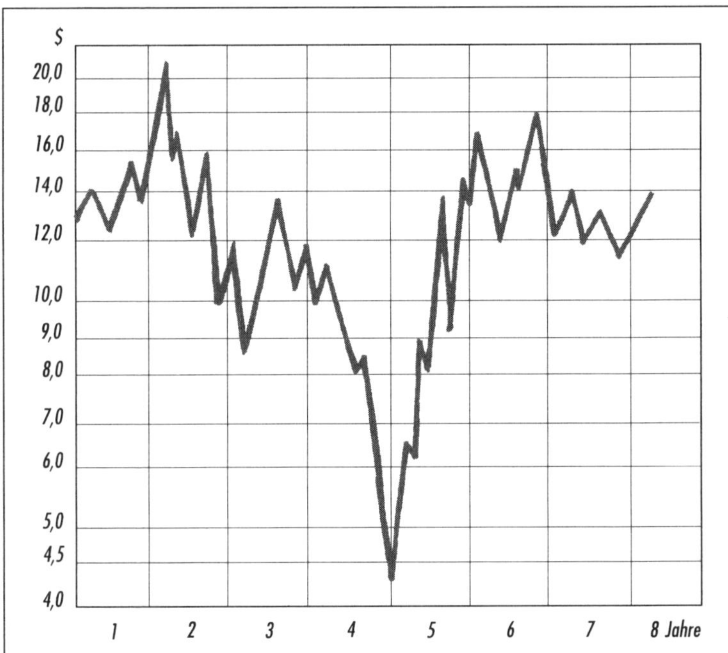

Es erfolgt keine Bodenbildung, sondern am Ende des vierten Jahres der totale Anstieg aufgrund einer Übernahme. Ansonsten wäre die Aktie bei Null gelandet.

Praxis-Tip:

Viele Börsianer sind darüber erstaunt, daß einige Casino-Aktien so langlebig sind. In der Tat verweilen Aktien wie Bremer Vulkan oder andere exotische Zockeraktien eine Zeitlang auf dem Kurszettel. Die Dauer hängt davon ab, wie rasch der Unternehmenszusammenbruch abgewickelt wird bzw. ob Teile oder das gesamte Unternehmen einen Käufer finden. Da die Kursschwankungen auch in der Auslaufphase noch recht beachtlich sind, fühlen sich manche Spieler geradezu magnetisch davon angezogen. Grundsätzlich ist von dieser Form der Spekulation abzuraten. Sie kann nur dann erfolgreich durchgeführt werden, wenn tatsächlich ernsthafte unternehmerische Absichten (z.B. Übernahme) neu eingeleitet werden.

Timing bei Neuemissionen

In Zukunft ist mit einer Vielzahl von Unternehmens-Neugründungen zu rechnen. Die meisten werden als Personengesellschaften oder als GmbH geführt. Die erfolgreichen werden früher oder später den Schritt an die Börse gehen, um sich dort frisches Kapital zu besorgen. Unternehmens-Neugründungen werden in Zukunft leichter gemacht. Gerade in Deutschland ist das dringend notwendig!

Grundsätzlich sollten die Anleger sich an den neu ausgegebenen Aktien beteiligen. Natürlich kann es hierfür noch keinen langfristigen Vergleichsmaßstab geben, da die Aktie ja erst eingeführt wird. Ein weiteres Erschwernis liegt in dem Bestreben der konsortialführenden Banken, einen möglichst hohen Preis für die Aktie zu erzielen. Das ist zwar einerseits verständlich, schmälert aber andererseits die Kurschancen der Anleger. Wird die Aktie zu teuer angeboten, sollte man sie lieber nicht kaufen. Maßstab hierfür ist ein zu hohes, weit über dem Branchendurchschnitt liegendes Kurs-Gewinn-Verhältnis.

Praxis-Tip:

Kaufen sollte man in jedem Fall erfolgversprechende, zukunftsorientierte Unternehmen, die mit guten Produkten, einem guten Management und mit viel dynamischer Kraft ausgestattet sind. Dabei kann es sich sowohl um Produktions- wie um Dienstleistungsunternehmen handeln. So sind z.B. im High-Tech-Bereich und in der Computerbranche für beide Unternehmensarten exzellente Aussichten prognostizierbar. Die Börse erkennt sehr rasch, welches Unternehmen über Dynamik verfügt und welches nicht. Erfolgsstories, z.B. jene von SAP, zeigen, daß so etwas durchaus auch in Deutschland möglich ist. Die Zukunft wird uns noch viele davon liefern.

Zur Sicherheit können Sie bei Neuemissionen folgende Kaufstrategie wählen:

- Sie zeichnen jede Neuemission, die am Markt angeboten wird. (Das empfiehlt sich allein schon deshalb, weil man sowieso nicht bei jeder Neuemission automatisch zum Zug kommt.)

- Neuemissionen, die rasch 5 bis 10 % an Wert verlieren, setzen Sie sofort auf Verkauf. (Damit vermeiden Sie größere Verluste und ersparen sich eine Niete im Depot.)

- Neue Aktien, die sich positiv entwickeln, behalten Sie im Depot. Beobachten Sie laufend, aber stellen Sie sich unter Umständen auf ein langjähriges Halten ein.

Wichtig:

Mit dieser Basis-Strategie kann bei Neuemissionen nicht viel schiefgehen. Im Gegenteil, Ihr Depot wird langfristig an Wert gewinnen.

Siehe hierzu auch Kapitel 5 „Höchstgewinne mit neuen Aktien" ab Seite 117.

Timing bei Optionsscheinen

Optionsscheine gehören genauso wie Optionen zu den sog. Derivaten. Diese sind mit besonderen Rechten ausgestattet. In unserem Fall dienen sie zum Bezug von Aktien während einer ganz bestimmten Laufzeit. Für den Bezug ist ein exakter Preis vereinbart. Grundsätzlich gibt es zwei verschiedene Optionsscheine, nämlich Call-Optionsscheine und Put-Optionsscheine. Mit Calls spekuliert man auf steigende Kurse, mit Puts auf sinkende Kurse.

Wer sich ausschließlich in die Optionsscheine einarbeiten will, braucht dazu viel theoretische und praktische Kenntnisse. Inzwischen ist eine Fülle von Literatur erschienen, und ein Mangel an gehandelten Optionsscheinen herrscht absolut nicht. Im Gegenteil: Ständig werden neue Scheine emittiert. Meistens handelt es sich dabei um Covered Warrants, die von Banken herausgegeben werden.

Achtung:

Die gesamte Optionsschein-Theorie inkl. Hebelwirkung und Delta ist sehr kompliziert, da die Praxis stets neue Signale vorgibt, die mit der Theorie fast nie in Einklang gebracht werden können. So ist z.B. die Hebelwirkung eine rein theoretische. Die tatsächliche Hebelwirkung, die Optionsscheine nach oben oder nach unten bringt, wird ausschließlich vom Markt entschieden. Angebot und Nachfrage machen den Preis – und nicht irgendein Theoretiker. Sollten Sie jedoch für sich selbst eine geeignete Optionsschein-Theorie finden, dann ist das eine ganz andere Sache. Wichtig ist, daß Sie für die kommenden Hochs und Tiefs gut gerüstet sind.

Im Optionsscheingeschäft unterscheidet man drei Zeitphasen:

- Kurzfristig laufende Optionsscheine: Für sie gilt eine Zeitspanne von bis zu sechs Monaten. Die Gewinne liegen also innerhalb der Steuerfrist.

- Mittelfristig laufende Optionsscheine: Ihr Verfallstermin reicht bis zu zwölf Monaten.

- Langlaufende Optionsscheine: Ihre Dauer geht weit über ein Jahr hinaus. Sie sind die konservativsten unter den Optionsscheinen.

- *Kurzfristige Optionsscheine*

Es ist klar, daß jede Zeitphase ihr besonderes Timing braucht. Beim Kurzläufer muß exakt berechnet werden, wie hoch das Aufgeld des Optionsscheins ist. Das Aufgeld errechnet man, indem man den Bezug der Aktie über den Optionsschein mit dem tatsächlichen Börsenkurs vergleicht. Bei einem Kurzläufer kann ein Aufgeld von ca. 10 % akzeptiert werden, und die Timinganweisung wird durch die Laufzeit automatisch vorgegeben. Schnell kaufen und schnell verkaufen. Scheine mit sehr hohem Aufgeld tendieren in der Schlußphase automatisch gegen Null. An manchen solchen Kurzläufern haben sich Spekulanten schon die Zähne ausgebissen.

- *Mittelfristige Optionsscheine*

Bei mittelfristigen Optionsscheinen ist die Luft nicht ganz so dünn. Lassen Sie sich dennoch nicht von der verhältnismäßig langen Laufzeit täuschen. Auch zehn bis zwölf Monate vergehen sehr schnell. Sie sollten den Optionsschein in den meisten Fällen weit vor dem Verfallstermin verkaufen. Eine Ausnahme ist nur dann möglich, wenn Sie den Schein tatsächlich in die Aktie umtauschen wollen. Dies wird bei einigen echten Optionsscheinen in der Praxis durchgeführt. Dennoch interessieren sich die Spekulanten für das Auf und Ab des Optionsscheins während der Laufzeit. Der Aktienbezug via Optionsschein ist eher eine konservative Angelegenheit. Mittelfristig laufende Optionsscheine haben häufig den Vorteil, daß sie realistisch bewertet sind, d.h. sie sind wirklich preiswert. Handelt es sich dabei noch um eine sehr kursbewegliche Aktie, so macht das Spekulieren mit diesen Optionsscheinen Spaß. Dennoch gilt auch hier: Rasch zugreifen und spätestens nach drei Monaten wieder verkaufen. Wer Optionsscheinsverluste aussitzt, muß den Totalverlust befürchten. Die Taktik, Verluste begrenzen und Gewinne laufen lassen, kann man hier nicht grundsätzlich anwenden. Bei Optionsscheinen mittlerer Frist muß man sowohl die Verluste als auch die Gewinne begrenzen. Je näher man am Verfallstermin dran ist, um so rascher muß man verkaufen.

- *Langfristige Optionsscheine*

Immer wieder erscheinen an der Börse Optionsscheine mit einer vergleichsweise langen Laufzeit. Alles, was über ein Jahr hinausgeht, ist als langfristig einzustufen. Oft haben diese Scheine ein relativ hohes Aufgeld, d.h. der direkte Bezug der Aktie ist preiswerter. Das hohe Aufgeld rechtfertigt sich durch die lange Laufzeit.

> **Praxis-Tip:**
>
> Solche Scheine kauft man am besten dann, wenn der Kurs der Aktie (möglichst einer Qualitätsaktie) während einer Baisse abgestürzt ist und den Optionsschein mit in die Tiefe gerissen hat. Nun müssen Sie als Spekulant abschätzen, ob die verbleibende Laufzeit für die Wiedererholung der Aktie (und des Optionsscheins) ausreicht. In solchen Phasen läßt sich mit Optionsscheinen viel Geld verdienen. 100 % Gewinn, selbst ein Vielfaches davon, sind möglich.

Achtung:

Völlig falsch ist jedoch der Ansatz von Börsianern, die glauben, daß sie die Scheine über die gesamte Laufzeit hinweg im Depot halten sollten. Sie sind im Gegenteil ein hervorragendes Trading-Spekulationsobjekt, d.h. man kauft und verkauft sie so oft wie möglich. Optionsscheine kauft man am Dienstag und verkauft sie am Freitag mit Gewinn. Klappt diese Zeitspanne nicht, so kann man einen Langläufer durchaus einige Zeit lang aussitzen. In jedem Fall aber bleibt es eine relativ kurzfristige spekulative Angelegenheit. Statt in drei Tagen macht man den Gewinn eben in drei Wochen oder in drei Monaten. Großen Erfolg mit Optionsscheinen haben die echten Spekulanten, denen die Börse im Blut liegt und die meistens intuitiv vorgehen. Einen guten Erfolg erzielen die sog. Buchhaltertypen. Sie begrenzen ihre Verluste streng auf 10 % und nehmen die Gewinne in der 20- bis 30-Prozent-Zone mit. Handeln die einen nach dem Gefühl, so gehen die anderen nach einem streng logischen Zahlenkalkül vor. Beide Wege haben bei Optionsscheinen etwas für sich. Entscheiden Sie sich gemäß Ihrer Persönlichkeit.

Chart 7: Optionsschein – „Kampf gegen die Zeit"

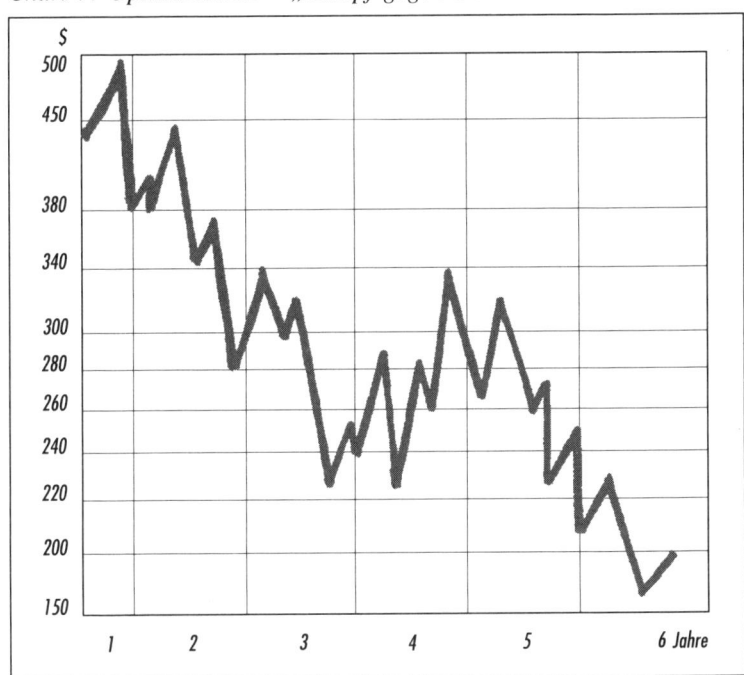

Letztes Aufbäumen des Kurses vor dem Verfallstermin. Das ist der Kursverlauf eines eher konservativen Optionsscheines. Ein hochspekulativer Optionsschein hätte mit Totalverlust geendet.

Timing bei Optionen

Der Optionsmarkt ist grundsätzlich für zwei völlig verschiedene Börsianertypen da. Konservative Anleger verkaufen Call-Optionen (auf steigende Aktien) und Put-Optionen (auf sinkende Aktien). Spekulative Börsianer treten als Käufer auf den Markt.

Beispiel:

Ein Aktionär hat 1000 Stück Aktien der Fa. XY im Depot, der Kurs steht gerade bei 70. Nun verkauft er Call-Optionen auf den Basispreis von 80 und erhält dafür eine Prämie vom Käufer. Steigt der Kurs auf 80, so muß er seine Stücke an den Käufer abliefern, darf aber die erhaltene Prämie für sich behalten. Der Käufer der Call-Option hat nur Erfolg, wenn der Kurs auf 80 oder höher klettert. Im anderen Fall verliert er den ganzen Einsatz.

Bei Put-Optionen verhält es sich genau umgekehrt. Der Verkäufer spielt wiederum den konservativen Part. Er muß aber, vorausgesetzt die Kurse sinken auf den vereinbarten Preis, die Aktien abnehmen, d.h. er muß über eine entsprechende Menge an Bargeld verfügen. Der Käufer einer Put-Option gewinnt nur dann, wenn die Kurse tatsächlich mindestens auf den vereinbarten Basispreis absinken. Im anderen Fall verliert er seinen gesamten Einsatz.

Somit wird deutlich, daß der aggressiv spekulierende Käufer von Put- oder Call-Optionen jeweils ein 100%iges Verlust-Risiko auf sich nimmt.

Praxis-Tip:

Interessant ist es dennoch, sich während laufender Kontrakte in die Optionstermin-Märkte einzuschalten: Sie beobachten einen Qualitätstitel und stellen fest, daß er weit unter Wert an der Börse gehandelt wird. Danach beobachten Sie die entsprechende Call-Option und verfolgen den Preis exakt. Sobald Sie eine erste Erholungstendenz wittern, schlagen Sie zu. Es kann durchaus sein, daß Sie z.B. bei 1,80 zum Zug kommen und die Option an einen weiteren Spekulanten zwei Wochen später für 3,60 verkaufen können. Das ergibt 100 % Gewinn, von dem lediglich etwas Kleingeld an Spesen abzuziehen ist.

Vorsicht:

Mit Put-Optionen verhält sich das Ganze genau umgekehrt. Jedoch muß jedoch gewarnt werden: Die meisten Menschen sind Haussiers, also Optimisten, die an höhere Kurse glauben. Put-Spezialisten sind ausgesprochene Baissiers, was höchstens auf einen Teil von 10 % aller Börsianer zutrifft. Nur wenn Sie sich zu dieser Gruppe zugehörig fühlen, sollten Sie Put-Optionen kaufen. Allerdings ist gerade bei fallenden Kursen an der Börse das meiste Geld zu verdienen. Testen Sie sich selbst und entscheiden Sie dann, ob Sie in der Lage sind, die Spekulation à la Baisse voranzutreiben. Man kann in der Regel nur eine Form der Optionsspekulation richtig gut beherrschen. Entweder ist man als Optionsspekulant auf Seite der Calls oder auf Seite der Puts. Beide Richtungen gleichermaßen zu beherrschen gelingt nur hundertprozentigen Finanzgenies.

Unterbewertete Aktien kaufen

Versierte Börsianer sind an der Börse ständig auf der Suche nach unterbewerteten Aktien. Konservative Anleger interessieren sich selbstverständlich nur für die großen Blue Chips. Spekulativere Börsianer nehmen auch unterbewertete kleinere Unternehmen in ihr Depot.

Die Unterbewertung kann man feststellen, indem man die Gewinne der letzten Jahre untersucht und die zukünftigen Gewinne realistisch prognostiziert.

Benjamin Graham und sein legendärer Schüler Warren Buffett machten ihr Milliardenvermögen hauptsächlich dadurch, indem sie ständig unterbewertete Aktien aufspürten. Am Anfang mußten sie die aufwendige Researcharbeit selbst machen, später hatten sie dafür ein Spezialisten-Team zur Verfügung. Graham war in seiner Kriterienauswahl äußerst streng. Aktien von Gesellschaften, die in den letzten Jahren mehr als zwei Gewinneinbrüche von über 5 % hatten, akzeptierte er nicht. Er war hauptsächlich an insgesamt erfolgreichen Unternehmen interessiert, die an der Börse unterhalb des Buchwertes gehandelt wurden.

Eines seiner Testkriterien für die Auswahl lautete z.B.: „Ein Aktienkurs von zwei Dritteln des materiellen Buchwerts je Aktie. Dieser wird berechnet, indem man alle Vermögenswerte, ausschließlich immaterieller Vermögenswerte wie Firmenwert, Patente usw., addiert, dann sämtliche Verbindlichkeiten subtrahiert und das Ergebnis schließlich durch die Gesamtzahl der Aktien dividiert" (Zitat aus: Benjamin Graham, „Leben, Gedanken und Anleger-Tips eines Wallstreet-Profis").

Die Zeit dieser großen Wallstreet-Gurus ist noch nicht ganz vorbei. Warren Buffett ist im Gegenteil sehr aktiv an der Börse. In den Haussephasen hat er stets die Börse mit den Worten kommentiert: „Ich kann im Moment keine unterbewertete Aktie mehr finden, die ich zum Kauf empfehlen kann." Es ist immer gut, wenn Börsianer auf Buffett hören. Allein diese Feststellung von ihm genügte, um deutlich zu machen, daß sich die Börsianer in einer Spätphase der Hausse befinden. Wenn diese Zeit gekommen ist, steigt man am besten für eine Zeitlang aus, macht reinen Tisch und denkt über neue künftige Investments nach.

Die Problematik, unterbewertete Aktien zu finden, ist heute größer als in früheren Zeiten. Sobald irgendwo so ein Papier aufgespürt wird, erfährt es in kürzester Zeit die ganze Welt. Begierig schnappen es die Börsianer auf und stürzen sich auf die Aktie. Man kann sicher sein, daß sie nicht lange unterbewertet sein wird. Also ist auch hier der versierteste Anleger letzten Endes auf sich gestellt und hält sich am besten an die großen Trends. So können z.B. aufgrund politischer Krisen Aktien unter ihren eigenen Wert gedrückt werden. Auch trivial erscheinende Phänomene können eine Rolle spielen.

Beispiel:

Aufgrund irgendwelcher Vorgänge, z.B. wegen eines besonders milden Winters, fällt der Ölpreis stark nach unten. Was passiert? Ölaktien und Ölservicegesellschaften verlieren stark an Wert. Selbst die besten Blue Chips wie Chevron, Exxon und Royal Dutch sinken auf ein Niveau, das den Anlegern geradezu als Schnäppchen erscheinen muß. Dann greifen jene Aktionäre zu, die sich nicht immer nach Charts und irgendwelchen Trends ausrichten. Sie wollen ganz einfach Qualität kaufen und wollen sie so billig wie möglich in ihr Depot bekommen.

Die großen Gewinner- und Verlierer-Aktien des Jahres kaufen

Eigentlich es ganz selbstverständlich, daß man die großen Gewinner kaufen soll. Auf der anderen Seite ist es genau so akzeptabel, daß man die großen Verlierer kaufen soll. In letzterem Fall sind die Aktien gemeint, die ganz gewaltig an Wert verloren haben und vor einer kräftigen Erholungsphase stehen. Wenn Sie auf solche Papiere aus sind und gerne periodisch vorgehen, dann beachten Sie die folgenden Hinweise. Dort wird diese antizyklische Methode angepeilt.

An der Börse sollte man jedoch nicht nur antizyklisch denken, sondern gleichzeitig auch prozyklisch. Das ist nicht unbedingt ein Widerspruch. Konjunkturabhängige Aktien erleben ein häufiges Auf und Ab in ihren verschiedenen Zyklen. Bei solchen Aktien ist die antizyklische Methode mehr als angebracht. Was aber tun bei echten Wachstumswerten? Zumal bei solchen Unternehmen, die sich in einer dramatischen Wachstumsphase befinden. Das können High-Tech-Unternehmen genauso wie Dienstleistungsunternehmen sein.

Läuft zudem noch die Börse gut, dann kann man täglich zuschauen, wie die Kurse nach oben klettern. Schlecht ist nur, daß man noch kein einziges Stück im Depot hat. Wie immer schmerzt die Börsianer nicht der Verlust am meisten, sondern der entgangene Gewinn.

Wichtig:

Sie müssen sich überwinden und ausgewählte Wachstumsaktien auch zu ihren Höchstkursen kaufen. Denn ein halbes Jahr später gibt es schon wieder einen neuen Höchstkurs ... und so fort.

- **Erstellen Sie eine Gewinner/Verlierer-Übersicht**

An der Börse wird täglich Bilanz gemacht. Jeden Tag gibt es Gewinner und Verlierer. Diese laufend schriftlich oder im Gedächtnis festzuhalten ist auf die Dauer unmöglich, dennoch ist eine Gewinner/Verlierer-Übersicht wichtig für die Börsenpraxis.

Erstellen Sie deshalb für die wichtigsten Aktien eine solche Übersicht bezogen auf das Quartalsende, das Halbjahresende und das Jahresende. Das schärft den Blick für neue Chancen.

- Auf Ihrer Übersicht lassen Sie hinter den Aktientiteln etwas Platz frei und skizzieren dort die Gründe für den Anstieg bzw. Verfall der Kurse. Jedes Kurshoch und jedes Kurstief findet einmal ein Ende. Meistens will man im Kurshoch noch mehr Aktien kaufen, da sehr viele positive rationale Gründe für einen Kauf vorliegen. Doch der Kenner weiß: „Mitten in der Hausse wird die nächste Baisse geboren." Also versuchen Sie ein paar emotionale Bewertungen hinzuzufügen: „Meistens schlägt das Gefühl den Verstand."

- Ebenso charakterisieren Sie die Verlierer-Aktien. Man muß dabei nicht gleich zum Halbjahresende oder zum Jahresende kaufen, da der Abwärtstrend noch einige Zeit andauern kann. Doch auch dieser findet sein Ende, zumal, wenn es sich um chancenreiche Qualitätsaktien handelt. Prüfen Sie vor dem Kauf das spezifische Umfeld der Aktie und setzen Sie im Zweifel ein Limit, das 10 bis 20 % unter dem aktuellen Kurs liegt.

Gewinner des Jahres

Aktie	Kurs	Gewinn in %	Begründung des Kursanstiegs	Prognose des zukünftigen Kursverlaufs
A				
B				
C				

Verlierer des Jahres

Aktie	Kurs	Verlust in %	Begründung des Kursverfalls	Prognose des zukünftigen Kursverlaufs
A				
B				
C				

Achtung:

Der Kauf typischer Verliereraktien lohnt sich. Sie kaufen zehn solche Aktien. Meistens gehen sieben Geschäfte sofort gut. Bei den drei übrigen klappt es nicht sofort, und Sie erleiden weitere Kursverluste. Blue Chips kaufen Sie im Halbjahres-Rhythmus nach und sind letzten Ende mit allen Titeln in der Gewinnzone. Die Masse der Anleger handelt genau umgekehrt. Sie kauft immer nur das, was bisher erfolgreich war, anstatt an den günstigen Einkauf zu denken.

Chart 8: Der Kursverlauf eines Wachstumsgiganten (= Gewinner-Aktie)

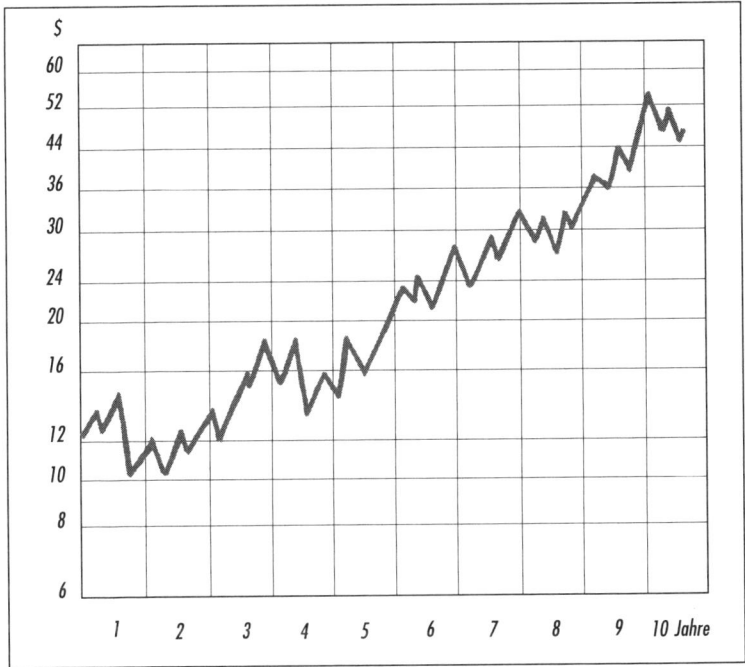

Ausnahmsweise zu Höchstkursen kaufen!

Praxis-Tip:

- Wenn Sie sich vor dem Kauf eines solchen Wachstumsgiganten absichern wollen, dann sollten Sie die Gewinnprognosen genau unter die Lupe nehmen. Sind diese durchaus glaubwürdig positiv, dann können Sie den Kauf wagen. Sie haben in der Regel einen lupenreinen Wachstumswert vor sich, was das Risiko jedenfalls begrenzt.
- Wer bei Höchstkursen zugreift, tappt besonders dann in die Bullenfalle, wenn es sich um zyklische Aktien handelt. Bei Werten mit starkem Wachstum und mit enormer Eigendynamik ist die Gefahr des Scheiterns gering. Besonders dann, wenn sich die ganze Branche gerade im Boom befindet.

Im Frühling oder im Herbst kaufen?

Der Jahreszeitenrhythmus ist vorgegeben, und tatsächlich hat der Stand der Sonne unbewußt einen Einfluß auf die Kursentwicklung. Statistiker, die langjährig saisonale Kursschwankungen an der Börse beobachtet haben, können das bestätigen. Es gibt spezielle Untersuchungen, die sich auf den Deutschen Aktienindex, den Schweizer Aktienindex oder den Dow-Jones-Index beziehen. Sie alle lassen signifikante Schlüsse zu.

Faßt man die verschiedenen Ergebnisse zusammen, so kommt es in den Monaten März, April und Mai überdurchschnittlich oft zu Höchstkursen. Das oft zitierte Wallstreet-Bonmot „Sell in May and go away" hat offenbar seine Berechtigung.

So wie Höchstkurse im Frühjahr festzustellen sind, sind Tiefstkurse im Herbst zu finden. Sie konzentrieren sich in der Regel auf September und Oktober. Beim Oktober kommt hinzu, daß er bei Börsianern traditionell ein sehr schlechtes Image hat. Er ist der Crash-Monat schlechthin.

Praxis-Tip:

- Sollten Sie z.B. während des Sommers über den Kauf einer oder mehrerer bestimmter Aktien nachdenken, dann

beobachten Sie den Kursverlauf der Papiere genau. Sollte sich eine Abwärtstendenz zeigen, lautet der Ratschlag: Warten Sie mit dem tatsächlichen Kauf bis in den Zeitraum September/Oktober hinein.
- Sie können den Herbst, der überdurchschnittliche viele Tiefstkurse aufweist, auch zum Limitieren Ihrer Kaufaufträge nutzen. Sie stellen sich also Anfang Oktober auf niedrigere Kurse ein. Eine Aktie notiert beispielsweise bei 100. Sie sind sehr an dem Papier interessiert und plazieren Ihren Kaufauftrag mit einem Limit von 89,50. Klappt es, haben Sie billig eingekauft. Klappt es nicht, suchen Sie eine neue Chance bzw. geben mehrere Limits ein.

Wahljahre sind gute Börsenjahre!

Wer über die Jahreszeiten hinausdenkt und gleich das gesamte Jahr in seinen Blickwinkel nimmt, sucht nach Ansätzen, die eine umfassende Prognose für die Kursentwicklung erlauben. Schon längst haben Statistiker festgestellt, daß Wahlen einen eminenten Einfluß auf die Entwicklung der Aktienbörsen haben.

Die Überschrift „Wahljahre sind gute Börsenjahre" trifft zu, beschränkt sich jedoch auf die Vereinigten Staaten von Amerika. Überdurchschnittlich oft haben sich dort jene Jahre, in denen der Präsident neu gewählt wurde, als gute Börsenjahre erwiesen. Dies für alle Zeiten weiterhin zu prognostizieren ist natürlich nicht zulässig. Es auf andere Länder zu übertragen, ist schließlich unmöglich.

Immer dann, wenn ein dramatischer Wechsel an der Spitze des Staates bevorsteht, wird es in der Finanz- und Börsenwelt interessant, da ein möglicher Regierungswechsel eine neue Wirtschafts-, Finanz- und Steuerpolitik nach sich ziehen wird. Wer für die Börse mögliche Gefahren ahnt, sollte in einem solchen Jahr keine Käufe plazieren. Man kann ja in ein anderes Land ausweichen. Kommt es schließlich tatsächlich nach der Wahl zu einem rasanten Kursverfall, hat man die Möglichkeit, sich erstklassige Papiere zu Niedrigstkursen zu beschaffen. Und so schlecht kann keine Regierung sein, daß die Börse während der ganzen Legislaturperiode nur noch in Richtung abwärts geht.

Wahljahre sind somit nicht automatisch gute Börsenjahre, aber man kann ein gutes Folgejahr daraus machen. Interessant sind Wahljahre für die Finanzszene in jedem Fall.

Checkliste: wann kaufen?

- Haben Sie an alles Wichtige gedacht?
- Um was für eine Aktie handelt es sich: konservativ, dynamisch, hochspekulativ?
- Für welchen Zeitraum wollen Sie anlegen: kurzfristig, mittelfristig, langfristig?
- Wie schätzen Sie das Börsenumfeld in der nächsten Zeit ein: günstig, weniger günstig?
- In welcher Phase befindet sich der Index?
  - am Anfang einer großen Aufwärtsphase
  - inmitten einer großen Aufwärtsphase
  - am Ende einer großen Aufwärtsphase
- Handelt es sich um eine Wachstumsaktie oder eine zyklische Aktie?
- In welcher Verfassung befindet sich die Branche?
- Zeichnen sich überdurchschnittlich hohe Gewinne ab?
- Kaufen Sie bewußt prozyklisch bzw. antizyklisch?
- Welche erkennbaren Risiken gibt es? (Denken Sie an die Gegenseite: Warum will Ihnen jemand die Aktie verkaufen?)
- Welche Note geben Sie Ihrem Kauf nach Abwägung aller Faktoren?

1	2	3
sehr gut	gut	zufriedenstellend

    (Kaufen kann man nur bei Note 1 und 2. Bei Note 3 lohnt kein Kauf. Durchschnittliche Investments sollte man stets meiden.)

Den Aktienkauf optimal vorbereiten

2

Depoteröffnung bei einer Bank
Ihres Vertrauens 40

So analysieren Sie den Aktienmarkt 41

Bestimmen Sie Ihr Anlegerprofil! 43

Warum Sie ein Börsentagebuch
führen sollten 49

Der individuelle Zeitfaktor:
wie lange wollen Sie spekulieren? 51

Entscheidende Kriterien
für den erfolgreichen Aktienkauf 56

Setzen Sie Ihren persönlichen
Geldtag fest 64

Checkliste: Merkmale eines
erfolgreichen Börsianers 66

Checkliste: Aktienkauf vorbereiten 67

*Kenntnisse kann jedermann haben,
aber die Kunst zu denken
ist das seltenste Geschenk der Natur.*

Friedrich der Große

Depoteröffnung bei einer Bank Ihres Vertrauens

Am Anfang steht die Eröffnung eines Wertpapierdepots und eines dazugehörigen Kontos bei der Bank Ihres Vertrauens.

Die meisten Anleger wenden sich dabei an die Bank, bei der sie bislang alle anderen Finanzgeschäfte durchgeführt haben. Andere wiederum gehen extrem ökonomisch vor und vergleichen bis auf den Pfennig hin die Gebührenstruktur. Einige eröffnen nach Abwägung aller Faktoren ihr Depot bei den Direktbanken. In der Regel sind das die kostengünstigsten Anbieter. Allerdings muß sich der einzelne Anleger darüber im klaren sein, daß er hier keinerlei Beratung oder Hintergrundinformation erhält. Also eignen sich Direktbanken grundsätzlich nur für versierte Anleger, die erstklassig über die Marktsituationen informiert sind und die ganz genau wissen, was sie kaufen bzw. verkaufen wollen.

Bei sämtlichen Banken fallen beim Kauf und beim Verkauf folgende Gebühren an:

- Provisionen
- Maklergebühr
- Spesen

Diese Gebühren sind insgesamt so niedrig, daß sie niemanden vom Kauf zurückhalten sollten. Sie liegen maximal bei ca. 1 % vom jeweiligen Kurswert. Abgesenkt werden können sie vor allen Dingen dann, wenn die Umsätze laufend ansteigen. Es ist selbstverständlich, daß ein Umsatz von 1 Million und mehr kostengünstiger abgewickelt werden kann als ein Umsatz, der nur Bruchteile davon ausmacht.

Praxis-Tip:
Die jährlich anfallende Depotgebühr ist ebenfalls von Bank zu Bank unterschiedlich. Hier sollten Sie exakt nach dem Preis für die Wertpapieraufbewahrung fragen. Allerdings sind die Gebühren auch in diesem Fall meist auf einem so niedrigen Niveau, daß sie im Verhältnis zur erwarteten Gesamtrendite kaum ins Gewicht fallen.

So analysieren Sie den Aktienmarkt

Die Aktie ist auf dem besten Weg, in Deutschland populär zu werden. Aus diesem Grund nimmt die Fülle an Publikationen und Informationen laufend zu. Die einzelnen Anleger sind nicht mehr in der Lage, all das aufzunehmen, was publiziert wird. Man muß in jedem Fall selektiv vorgehen. Grundsätzlich benötigen Sie zweierlei Informationen:

- allgemeine Informationen über die Situation an den Märkten
- Informationen über einzelne Aktien

Richten Sie Ihr Interesse auf einen oder zwei ausgewählte Märkte und auf möglicherweise 10, 20 oder 30 Aktien. Wer sehr viel Zeit einsetzen kann, hat selbstverständlich ein größeres Aufnahmepotential.

Achtung:

Aktuelle Informationen aus der Welt der Börse sind wichtig. Daran gibt es keinen Zweifel, denn jede volkswirtschaftliche und betriebswirtschaftliche Nachricht schlägt sich im Kurs nieder. Dennoch werden die aktuellen Informationen und das ständige Up-to-date-Sein maßlos überschätzt. Angenommen, Sie hören hervorragende Nachrichten über die Aktie X. Sofort wollen Sie diese Aktie kaufen. Hunderttausende, ja Millionen andere Anleger haben diese Nachricht auch gehört und wollen genauso handeln. Folge: Der Kurs wird kurzfristig nach oben gehen, um dann später wieder mangels ausbleibender Nachfrage abzusinken. Im umgekehrten Fall hören Sie negative Nachrichten über die Aktie Y. Leider haben Sie diese im Depot. Wenn Sie das Papier jetzt verkaufen, schließen Sie sich einer Herde von Anlegern an, die ebenso verfahren.

> **Praxis-Tip:**
>
> Auf aktuelle Informationen sofort zu reagieren, kann, muß aber nicht richtig sein. Lernen Sie, unabhängig zu analysieren und zu entscheiden. Das dauert möglicherweise etwas länger, führt aber langfristig zu größeren Erfolgen. Handeln Sie deshalb nach folgenden Schritten:
> - Informationen aufnehmen
> - Informationen filtern
> - Informationen interpretieren

Der einzige objektive Vorgang dabei bezieht sich auf die Informationsaufnahme. Sie sollten die Fakten stets objektiv und neutral zur Kenntnis nehmen. Danach kommen sie in Ihr individuelles subjektives Filtersystem. Sie können dazu auch „Verarbeiten der Information" sagen. Abschließend ist die Information zu interpretieren. Oft genug schaffen Sie das alleine nicht und ziehen deshalb entsprechende Beratung zur Seite. Diese Interpretation hat den Vorzug, daß sie Ihr Handeln auf ein solides Fundament stellt. Sie reagieren nicht kurzfristig wegen irgendeiner Nachricht, sondern treffen eine fundierte Entscheidung.

Wer unabhängig denken, analysieren und entscheiden will, läßt sich nicht nur von tagesaktuellen Meldungen beeindrucken. Viel wichtiger sind Fragen nach der Zukunft. Sie wandern in die Interpretation mit ein und bestimmen letzten Endes den Erfolg an der Börse. Wer sich hingegen von jeder aktuellen Meldung beeinflussen läßt, analysiert und entscheidet nie unabhängig. Im übrigen sollten Sie gerade bei tagesaktuellen Nachrichten, die stark negativ bzw. positiv gefärbt sind, immer daran denken: Wem nutzen sie? Wem schaden sie? Was ist das dahinterstehende Interesse?

Bestimmen Sie Ihr Anlegerprofil!

Wie jeder Erfolg im Leben wird auch der Erfolg an der Börse im wesentlichen durch die teilnehmende Persönlichkeit selbst bestimmt. Die Persönlichkeit des Anlegers entscheidet über den Weg, den man einschlägt. Der klassisch konservative Investor sorgt sich um den Erhalt seines Vermögens und will es langsam vermehren, ohne dabei besondere Risiken einzugehen.

Ihr Chance/Risiko-Denken

Überhaupt ist es das Chance/Risiko-Denken, das unsere Anlegerpersönlichkeit bestimmt. Deshalb ist eine der ersten Vorentscheidungen, die man treffen muß, die Antwort auf folgende Frage: Wieviel Risiko vertrage ich? Konkret heißt das: Wie fühle ich mich nach 10 %, 20 % oder 30 % Verlust? Wie reagiere ich gar nach einem entstandenen Totalverlust? Alle Möglichkeiten müssen theoretisch mit einbezogen werden, und die mögliche individuelle Reaktion darauf ist zu bedenken. Selbstverständlich freut sich niemand über einen Verlust, doch jeder geht anders damit um.

Die Börse erfordert von den Anlegern eine hohe Grundstabilität. Nicht alle sind dafür geeignet. Wichtig ist jedoch, daß es hier ausschließlich um die Stabilität in bezug auf den Umgang mit Geld geht, d.h. die Stabilität der Börsenpersönlichkeit. Je höher sich jemand auf der Skala einschätzt, um so höher kann er auch beim Risiko gehen. Je geringer die Stabilität der Börsenpersönlichkeit ist, desto sicherer sollte man sein Geld anlegen. Hochspekulative Börsentransaktionen erfordern nun einmal eine ganz andere Persönlichkeit als im Falle von soliden Investments.

Chart 9: Depot-Vorschlag für ein ausgewogenes Chance/Risiko-Verhältnis

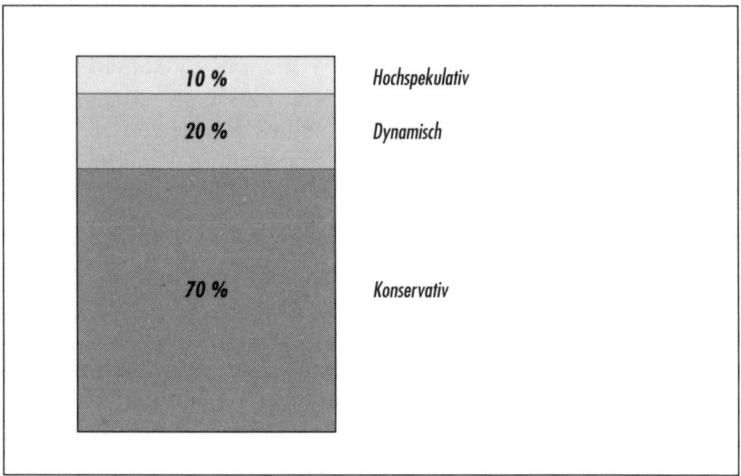

Investor oder Spekulant?

Diese Wahlmöglichkeit haben alle, die an der Börse Geld anlegen und verdienen wollen. Ohne es konkret zu formulieren, definiert man sich selbst schon vor dem ersten Börsengeschäft entweder als Investor oder als Spekulant. Aber was ist der Unterschied? Gibt es überhaupt einen? Denn philosophisch argumentierende Börsianer könnten einwenden, daß prinzipiell jede Geldanlage spekulativen Charakter hat. Das ist unumstritten richtig, denn selbst wer nur ein Sparbuch besitzt, spekuliert schließlich darauf, daß der Geldwert stabil bleibt und die Zinsen nicht von der Inflationsrate aufgefressen werden.

- *Charakteristika eines Investors*

Doch die ganze Angelegenheit soll nicht zu eng ausgelegt werden. Somit wird der Investor als ein Anlegertyp definiert, der solide, fundamental abgesicherte Aktien kauft. Niemals würde er Spielerpapiere wie Casino-Aktien anfassen. Alles Spielerische und Hochspekulative ist ihm beim Thema Geld ein Greuel. Geld soll immer Geld bringen. Daß man dabei auch Risiken eingehen muß, ist für Investoren selbstverständlich. Insofern handeln diese Geldmenschen wie hanseatische Kaufleute. An der Börse haben sie eine ganz klare und leicht vermittelbare Strategie.

Zehn Investoren-Regeln

- Kaufe stets nur beste Qualitätsaktien.
- Kaufe nur mit Geld, das du tatsächlich übrig hast.
- Mache niemals Börsengeschäfte auf Kredit.
- Verfüge immer über ausreichende Bargeldreserven.
- Wenn eine aussichtsreiche Aktie im Kurs gesunken ist, kaufe weitere Stücke dazu.
- Halte gute Investments stets durch.
- Investiere langfristig.
- Kaufe Wachstumsaktien.
- Achte auf die Dividendenrendite.
- Konzentriere dich auf wenige ausgewählte Aktien, aber setze niemals alles auf eine Karte.

Mit diesen Regeln kommen Investoren an der Börse sehr gut zurecht. Kurzfristige Turbulenzen, die immer wieder einmal ausbrechen, stören diesen Typus überhaupt nicht. Sogar Börsencrashs bringen ihn nicht aus der Ruhe. Das Gegenteil ist der Fall. Wenn die Kurse so richtig tief in den Keller purzeln, dann schlägt die Stunde des Investors. Preiswert, ja geradezu billig sammelt er die besten Wertpapiere der Welt ein und gibt sie nicht mehr aus der Hand. Er weiß, daß langfristig alles die Tendenz hat, weiter zu steigen. Genau dies macht sein Depot im Laufe der Jahre ebenfalls.

Es ist erstaunlich, wie wenig in der Praxis von dieser simplen Strategie Gebrauch gemacht wird. Viele Börsianer verzetteln sich, mühen sich ab, lassen sich täglich mit einer ungeheuren Fülle von Informationen berieseln. Und was ist das Ergebnis? Hin und wieder gibt es ein paar Prozente im Plus, oft genug kommt aber Verlust dabei heraus. Während der Stratege den Verlust zum Gewinn macht, verlieren strategielose Börsianer echt Geld. Während das Motto des erfolgreichen Langfristanlegers lautet „Investieren statt spekulieren", lautet das Motto des zerstreuten Börsianers „Hin und her macht Taschen leer."

- *Charakteristika eines Spekulanten*

Das wirkliche Gegenstück ist der echte Spekulant. Er widmet sich ganz der Börse und geht hochprofessionell nach seiner individuellen Methode vor. Niemals handelt er gegen sein eigenes Wissen, gegen sein eigenes Gefühl. Er selektiert und läßt nicht alles an sich herankommen. Die Informationen werden gefiltert und interpretiert.

Spekulanten steht die ganze Börsenwelt offen. Selbstverständlich kaufen sie auch konservative Blue Chips, der Schwerpunkt liegt aber auf hochspekulativen und dynamischen Titeln. Und bei diesen Aktien muß man nicht nur gut, sondern auch schnell sein.

Für den echten Spekulanten gibt es viele Entscheidungsmöglichkeiten, die an der Börse täglich hinausposaunt werden, überhaupt nicht. Man denke z.B. an die vielfach publizierte Einteilung der Anlageentscheidung in „kaufen – halten – verkaufen".

Diese Auswahl ist für einen wirklichen Spekulanten unsinnig. Jeden Tag kontrolliert er sein Depot und fragt sich bei jeder einzelnen Aktie: Will ich diese Aktie heute kaufen oder nicht?

Wenn es keinen Kaufgrund gibt, so ist die Aktie sofort zu verkaufen. Damit ist der Begriff „halten" schon in der Mottenkiste verschwunden. Entweder kauft man eine Aktie oder man verkauft eine Aktie. Es ist kaum aufzuzählen, wieviel Geld durch die unsinnige Methode des Haltens verloren wurde. Es sind viele Milliarden Dollar, die jedes Jahr durch diesen strategischen Unsinn verloren gehen. Lernen Sie deshalb von den echten Spekulanten und sorgen Sie für Klarheit in Ihrem Kopf.

Zehn Spekulanten-Regeln

- Jede Geldanlage ist eine Spekulation.
- Kaufe nur aussichtsreiche Titel.
- Vermeide die Bescheidenheitsfalle (strebe nicht 10 % Gewinn, sondern 50 % und 100 % an).
- Laß die Gewinne stets nach oben laufen.
- Trenne dich von schlechten Papieren notfalls mit Verlust.
- Konzentriere dich auf wenige Titel.
- Informiere dich gründlich, aber höre auf deine innere Stimme.
- Halte stets Distanz zur Massenmeinung.
- Mache hin und wieder Tabula rasa (um neu und unbeeinflußt entscheiden zu können).
- Strebe nur Höchstgewinne an, aber paß auf, daß du kein Spieler wirst.

Disziplin ist eine der unverzichtbaren Notwendigkeiten für alle Spekulanten. Genau das trennt sie vom Spieler. Wer sich nicht an vorgegebene Regeln hält, wird zum zerstreuten Börsenzokker. Er hat hin und wieder einen Erfolg, aber kann keine Seriengewinne für sich verbuchen.

Im Gegensatz zum Investor spielt beim Spekulanten der Faktor Zeit eine viel wichtigere Rolle. Der zeitliche Einsatz wird jedesmal so genau wie möglich im voraus kalkuliert. Denn Geld, das investiert ist, steht nicht für andere Spekulationsgeschäfte zur Verfügung. Und Kreditgeschäfte werden nur in großen Ausnahmesituationen durchgeführt. Echte Spekulanten haben mit der Zeit genug Geld und sind auf die Kredite gar nicht mehr angewiesen. Im übrigen ist es eine Dummheit, z.B. hochspekulative Optionsscheine auf der Basis eines Bankkredits zu kaufen.

Wichtig:

Der echte Spekulant kennt die Härte der Finanz- und Börsenwelt. Seine Stärke liegt nicht nur im Einkauf, sondern noch mehr im Verkauf. Nur das verkaufte Papier bringt wirklichen Gewinn, alles andere sind Buchgewinne. Jeder Gewinn schließt die Fähigkeit, Verlust zu akzeptieren, mit ein. Es gehört zu den schwersten Anlagefehlern überhaupt, daß Verlustpapiere nicht so rasch wie möglich aus dem Depot entfernt werden.

Praxis-Tip:

Als Spekulant muß man muß sich zurückziehen, auf das Wesentliche konzentrieren und sich vor allem in eine erfolgsgewohnte Umgebung versetzen. Hinzu kommt, daß man mit sich selbst gut umgeht. Wer aber jeden Tag vollgestopft mit Börseninformationen herumrennt und pausenlos vor dem Fernsehapparat sitzt, um das Wichtigste nicht zu verpassen, der kann gar nicht erfolgreich sein.

Kleine Börsianer-Typologie

Börsianer sind Menschen, individuelle Persönlichkeiten, so wie alle anderen auch. Sie unterscheiden sich lediglich dadurch, daß sie in hohem Grad geldsensibel sind. Genau genommen hat jeder einzelne Börsianer eine ganz persönliche Sicht der Börse. Jeder hat einen etwas anderen Ansatz und so etwas wie eine höchstpersönliche Methode erarbeitet.

Börsianertyp	Bevorzugter Ansatz und Methode
Börsenpragmatiker Unter einem Börsenpragmatiker versteht man den klassischen Selfmade-Man, der vor allen Dingen auf seine Erfahrung setzt. Er ist der typische Unternehmer. Er ist kein Theoretiker, sondern ziel- und ergebnisorientierter Praktiker. Er orientiert sich an seinen Erfahrungen.	• Handlungs- und ergebnisorientiert • Kauft und verkauft die großen Titel, die fundamental abgesichert sein müssen.
Wissenschaftlicher Anlegertyp Im Bewußtsein dieser Anleger steht die Frage nach Zahlen und Fakten an erster Stelle. Alles Diffuse wird abgelehnt. Exaktheit, Präzision und empirische Überprüfbarkeit haben Priorität. Theorien, z.B. jene der Stochastik oder der relativen Stärke, haben einen hohen Stellenwert. Vor dem Kauf wird ein klares Chance/Risiko-Kalkül erarbeitet.	• Fundamentale Analyse bis hin zur Bilanzanalyse • Charttheorien • makro- und mikroökonomische Ansätze • Um den Zufall auszuschalten, wird in der Praxis oft mit Limits gearbeitet.
Ganzheitlicher Anlage-Typ Kennt die Grenzen von Wissen und Information. Versucht das Unmögliche, weil er die ganze Börsenwelt erfassen und integrieren will. Begibt sich gerne auf die Meta-Ebene. Er ist der eigentliche Börsenphilosoph.	• Intuition • Marktpsychologie • Interpretation ökonomischer Daten • Mehr Prognose als Analyse • 49 % Verstand/51 % Gefühl

Warum Sie ein Börsentagebuch führen sollten

Jeder Börsianer macht früher oder später Fehler. Entscheidend ist jedoch, daß man aus Fehlern Nutzen zieht. Man muß wirklich aus ihnen lernen, sonst wiederholt man sie. Am besten hält man seine entscheidenden Fehler in einer Art Börsentagebuch fest. Gut ist auch die Methode, sie am Ende eines Börsenjahres alle noch einmal aufzulisten und zu analysieren. Diese Form der Nachanalyse ist für künftige Börsengeschäfte wesentlich. Die entscheidenden Fragen dabei lauten:

- Warum habe ich den richtigen Zeitpunkt beim Kauf nicht getroffen?
- Warum habe ich den richtigen Zeitpunkt beim Verkauf nicht getroffen?

Meistens sind es Timingprobleme, die uns das Börsengeschäft so schwer machen. Gutes Timingverhalten zu lernen dauert länger, als bei der Aktienauswahl erfolgreich zu sein. Und früher oder später erkennt man die Branchen und die dazugehörigen einzelnen Aktien, die zur jeweiligen Börsenpersönlichkeit passen. Beim Timing lernen wir alle ein Leben lang. Erfolgreich werden Sie aber nur sein, wenn Sie die Fehler immer wieder neu notieren und analysieren.

> **Praxis-Tip:**
>
> Versuchen Sie, Ihre persönlichen, ganz individuellen Fehler zu finden. Auch wenn sie bei vielen Börsianern ähnlich sind, sind sie niemals ganz gleich. Selbst wenn Sie Fehler niemals ausschließen können, führt das Nachdenken darüber zu erheblich besseren Ergebnissen. Das Schlechteste wäre, einfach zur Tagesordnung überzugehen und „weiterzuwursteln" wie bisher. Für einen echten Börsianer ist eine solche Vorstellung undenkbar.

Fehler machen und gewinnen

Fehler machen alle, die Profis und die Amateure. Wenn aber ein Profi zu viele Fehler macht, verliert er nicht nur Geld, sondern auch den Job.

Die Fehler der Amateure (= Privatanleger) sind schnell ausgemacht: Da gibt es zunächst die Daueraktionäre. Sie verstehen sich als Super-Langfrist-Investoren und halten an jedem Papier ewig fest. Das geht nur dann gut, wenn man entsprechende Blue Chips im Depot hat. Bei den falschen Aktien, die oft unter den Zyklern angesiedelt sind, ist dieses Verhalten verhängnisvoll. Schon manch einer hat zehn Jahre Baisse ausgesessen. Er stieg bei 800 ein und hielt das Papier beim Kurs von 50 immer noch. „In Treue fest" – ist kein gutes Motto für zyklische und hochspekulative Aktien. Die zweite Gruppe sind die Angsthasen. Sie haben sowohl Angst vor dem Verlust, was verständlich ist, als auch Angst vor dahinschmelzenden Gewinnen. Deshalb verkaufen sie nach 10 % Gewinn und tappen damit häufig in die Bescheidensheitsfalle. Ganz große Gewinne bleiben ihnen für immer vorenthalten.

Ein ganz besonderes Wort muß man an die Neulinge im Börsengeschäft richten; an die Newcomer, Greenhorns oder „Börsensäuglinge". Sie laufen am Anfang ihrer vermeintlichen Börsenkarriere jedem Tip nach. Wenn das Geld reicht, haben sie im Nu ein üppig ausgestattetes Depot und kein Geld mehr in der Kasse. Im Fall eine Kursrutsches sind sie völlig handlungsunfähig und können nur noch zusehen, wie ihre Kurse nach unten purzeln.

Praxis-Tip:
Es lohnt sich so oft wie möglich der Blick hinter die Kulissen. Hin und wieder wird doch bekannt, aus welchem Land oder von welcher institutionellen Seite große Order hereingekommen sind. Dies kann die eigene Börsentheorie untermauern oder zu neuen Interpretationen anregen. Besonders bei starken Aufkauf-Phasen sind solche Interpretationen wichtig. Niemand, außer den Insidern, hat sicheres Wissen. Es gewinnt der Spekulant mit den besten Nerven und mit der besten Interpretation aller bekannten Fakten.

Der individuelle Zeitfaktor: wie lange wollen Sie spekulieren?

Zu den wichtigsten Kriterien der Börse gehört der Faktor Zeit. Das gilt sowohl objektiv für das gesamte System Börse wie auch subjektiv für den einzelnen Anleger. Die Frage lautet ganz einfach: Für welchen Zeitraum wollen Sie der Börse Ihr Geld zur Verfügung stellen? In diesem Punkt unterscheiden sich die einzelnen Individuen ganz gewaltig.

- Sehr konservative Anleger lieben das tägliche Auf und Ab an der Börse überhaupt nicht. Sie setzen auf Gewinne, die während einer langen Laufzeit mittels soliden Papieren erzielt werden (= langfristige Spekulationen).

- Wer auf die Börsenzyklik innerhalb eines Jahres setzt, zählt zu den mittelfristigen Anlegern.
- Dies wiederum wäre den Kurzfristanlegern bereits eine zu lange Investitionsdauer. Sie wollen schneller Kasse machen.

> **Praxis-Tip:**
> Die Entscheidung ist selbstverständlich von der Persönlichkeitsstruktur des Anlegers abhängig. Es ist sehr wichtig, daß Sie sich bei Ihrem Börsenengagement bezüglich des gewählten Zeitraums wohlfühlen. Viele Börsianer unterschätzen dieses Problem. Sie befinden sich möglicherweise in einem falschen Zeitraum und leiden unnötig. Das liegt daran, daß man meistens nur die Rendite, nicht aber den Zeithorizont ausreichend reflektiert.

Kurzfristige Spekulation

Die kurzfristige Spekulation umfaßt die gesamte Spanne vom Tageshandel (Intra-Day-Trading) bis zur Sechs-Monats-Spekulation. Beim Tageshandel wird die Kasse jeden Morgen geöffnet und jeden Abend wieder dicht gemacht. Die Öffnungszeiten und die Börsenusancen kommen dieser Art des Handels immer mehr entgegen. Häufig wird er von extrem kaufmännisch orientierten Anlegern betrieben. Es gibt Menschen, die können abends nicht einschlafen, wenn sich irgendwo noch ein Investment bewegt, das mit Risiken behaftet ist. So hat der Tageshändler unmittelbar nach Börsenschluß die Kasse geschlossen. Er weiß, was er verdient oder evtl. verloren hat. Überraschungen in der Nacht sind ausgeschlossen. Ein anderer Investor schläft abends beim Depotstand von 100.000 Dollar ein und wacht beim Stand von 94.000 Dollar wieder auf. Während des Schlafes hat er also 6.000 Dollar verloren.

Der Vorteil der Kurzfristspekulation ist, daß es immer spannend zugeht. Aufgrund der aktuellen Daten kann man die Trends einigermaßen vorhersehen, natürlich nie mit endgültiger Sicherheit. Kurzfristige Zyklen lassen sich sehr gut nutzen und in Gewinne verwandeln.

Achtung:

Nachteilig wirkt sich dagegen die Steuersituation aus. Denn wer innerhalb von zwölf Monaten kauft und verkauft, muß den erzielten Gewinn versteuern. Hierfür gibt es keine eigens ausgewiesene Spekulationssteuer, sie richtet sich vielmehr nach dem Gesamteinkommen und dem daraus resultierenden persönlichen Steuersatz.

Steuerehrliche Spekulanten haben den Vorteil, daß sie ihre innerhalb der Zwölf-Monats-Frist erzielten Verluste mit den Gewinnen aufrechnen können. Allerdings ist eine Voraussetzung hierfür, daß die Gewinne höher sein müssen als die Verluste. Kurzfristspekulanten sollten über eine exzellente Buchführung verfügen. Am besten führt man eine Liste, die sämtliche Kaufdaten enthält.

Praxis-Tip:

Wichtiger als alle monetären Faktoren ist jedoch das subjektive Wohlbefinden. Nur Anleger, die sich während der kurzfristigen Zyklen und Phasen wohlfühlen, sollten diese Zeitspanne wählen.

Mittelfristige Spekulation

Als mittelfristig definiert werden Geldanlagen, die auf einen Zeithorizont von maximal 1 1/2 Jahren ausgerichtet sind. Wer zwischen 1/2 und 1 1/2 Jahren sein Geld anlegt, ist ein typisch mittelfristiger Investor.

Anleger, die sich auf zyklische Aktien spezialisiert haben, sind gut beraten, wenn sie diese Frist wählen. Es gibt eine ganze Reihe von klassischen Zyklikern, die man keinesfalls länger im Depot lassen sollte. Dazu gehören

- Turn-Around-Aktien
- Aktien aus den Branchen Fahrzeuge, Maschinenbau, Bau
- viele Rohstoff-Aktien

Turn-Around-Aktien kann man u.U. auch länger halten. Entscheidend ist, daß man beim Kauf lange genug auf das Ausklingen des Abwärtstrends gewartet hat. „Never catch a falling knife" – dieses Wallstreet-Bonmot kennzeichnet am besten die Situation beim Einstieg in einen Turn-Around-Wert.

Solange der Abwärtstrend nach unten läuft, sollte man die Aktien nur beobachten. Auf keinen Fall aber kaufen. Gekauft wird erst nach einer Konsolidierungsphase und einem sich neu abzeichnenden Aufwärtstrend. Wer so vorgeht, wird natürlich nie zum Tiefstpunkt kaufen. Das ist für ihn theoretisch und praktisch ausgeschlossen. Aber durch diese Methode schützt man sich sehr gut vor Verlusten. Besonders gefährlich sind langjährige Abwärtstrends.

So gibt es Aktien, die bereits seit sieben Jahren nur noch sinken. Wer so ein Papier verfolgt, sollte es auch im achten Jahr noch nicht kaufen, sondern erst dann, wenn der neue Trend nach oben etabliert ist. Dieser würde dann die betriebswirtschaftliche Erholung des Unternehmens signalisieren.

Beispiel:

Die mittelfristige Spekulation eignet sich ebenso vorzüglich zum Ausnutzen guter Börsenjahre. Schon immer haben sich die Börsenjahre in ihrer Performance unterschieden. Es gibt gute Börsenjahre, die man fast schon im voraus riechen kann.

Wer gute Börsenjahre sucht, für den lohnt sich der Blick auf die zahlreichen neuen Märkte. Die Börsenplätze der Emerging-Market-Länder sind ja schon seit einiger Zeit etabliert, doch überraschen sie immer wieder mit ihrer Dynamik. Besonders nach großen Kursstürzen ergeben sich wieder neue Chancen, die der mittelfristig orientierte Anleger am besten nutzen kann. Das gilt für asiatische Märkte genauso wie für afrikanische und lateinamerikanische. Bevor man nach Einzelwerten Ausschau hält, sollte man stets die gesamte Verfassung des ausgewählten Marktes gründlich untersuchen. Die Regel „nach jeder Hausse kommt eine Baisse" (und umgekehrt) ist dabei anzuwenden. Da sich die exakte Trendwende niemals punktgenau vorhersagen läßt, handelt man intuitiv. Unterstützt wird man jedesmal von den Marktgegebenheiten:

- überschäumende Euphorie (während der Endphase der Superhausse)
- Panik und Totalausverkauf (während der tiefsten Baisse)

Praxis-Tip:
Wenn Sie am Ende eine Börsenjahres die Charts der einzelnen Länderindizes vergleichen, so fällt die Auswahl oft gar nicht so schwer. Allerdings sollten Sie die Charts stets durch fundamentale Daten ergänzen. Auf reine Intuition kann sich nur derjenige verlassen, der über langjährige positive Börsenerfahrungen verfügt.

Langfristige Spekulation

Die meisten Börsenprofis halten die langfristige Spekulation für den Königsweg. Ihre These lautet: Aktien kauft man und hält sie mindestens drei bis fünf Jahre. Dieser Grundsatz kann natürlich nur für Aktien allerersten Ranges gelten. Dabei genießen Wachstumsaktien den Vorzug.

Ein Kernproblem bei der Langfristanlage ist, daß man seine Aktien dennoch ständig beobachten muß. Schon öfters wurden während einer langen Laufzeit aus erstklassigen Aktien später zweitklassige oder drittklassige Papiere. Selbst das beste Management kann Fehler machen. Sind diese Fehler in vergleichsweise kurzer Zeit auszugleichen, so ist die gesamte Angelegenheit schnell wieder im reinen. Strategische Fehler können sich dagegen langfristig verheerend auswirken. Ob man einen Fehler schnell korrigieren kann, hängt nicht zuletzt von der Branche ab.

Beispiel:

So geriet IBM durch einen Strategiefehler in eine gefährliche Krise, während Coca Cola schneller dagegensteuern konnte. Man wollte das Klassik-Coke durch ein neues ersetzen – der Markt nahm dies nicht an, also holte man schnell das alte Rezept wieder aus dem Keller. Der Umsatz wurde daraufhin wieder in die gewohnten Bahnen gelenkt.

Wichtig:

Die jährliche Mindestrendite eines langfristig orientierten Anlegers sollte mindesten 10 % pro Jahr betragen. Sie wird erreicht, indem man nach dem Grundsatz vorgeht: Mehrere Branchen, mehrere Länder! Dabei eignen sich folgende Branchen zur Optimierung des Ergebnisses besonders gut:

- Telekommunikation
- Nahrungsmittel
- Energieversorgung
- Pharma

Das alles sind ausgesprochene Wachstumsbranchen. Im High-Tech-Bereich wird das Langfristgeschäft schwieriger. Gleiches gilt für den Gen- und Biotechnikbereich sowie für alle anderen zyklischen Branchen.

> **Praxis-Tip:**
> Entscheidend ist, daß die Persönlichkeit des Anlegers im Einklang mit der von ihm favorisierten Zeitspanne steht. Ist das nicht der Fall, fühlt man sich unwohl, was der Aktienanlage insgesamt nicht gut bekommen wird.

Entscheidende Kriterien für den erfolgreichen Aktienkauf

Fundamentale Sicht der Börse

Genaugenommen gibt es für die Feststellung eines Aktienkurses nur ein einziges Kriterium. Das ist der Gewinn. Steigt der Gewinn, dann steigt auch der Aktienkurs. Sinkt der Gewinn, so sinkt der Aktienkurs.

Das ist eine vernünftige, also rational ökonomische Sicht der Börse. Bestätigt wird sie durch die zahlreichen Publikationen und Sendungen der Wirtschafts- und Medienwelt. Beispielsweise sind in den USA Gewinnmeldungen jeweils zum Ende eines Quartals üblich. Voller Hochspannung wartet die Schar der Börsianer auf die neuesten Zahlen. Werden die Zahlen bekanntgegeben, dann entwickeln sich die Kurse genauso wie oben angegeben.

Viele Anleger fragen sich deshalb zurecht, auf was man denn sonst noch achten müsse. Schließlich ist der Gewinn einer Aktiengesellschaft ausschlaggebend für den Kurs. Alle anderen Faktoren könne man dagegen vernachlässigen. Die Betriebswirtschaftler unter den Fundamentalisten sind von dieser These überzeugt. Sie lesen zudem noch die Bilanzen und versuchen feinnervige Gewinn-Prognose-Modelle zu entwickeln.

Die Volkswirtschaftler unter den Fundamentalisten nehmen zusätzlich noch die ganzen Rahmendaten mit auf. Ihre Betrachtungsweise zielt insbesondere ab auf volkswirtschaftliche Daten wie

- Wirtschaftswachstum
- Arbeitslosenquote
- Außenhandelsüberschuß (-defizit)
- Branchenwachstum

Des weiteren achten sie stark auf monetäre Daten, also auf

- kurzfristige Zinsen
- langfristige Zinsen
- Geldmengenwachstum
- Liquidität
- die Inflationsrate

Viele Börsianer vertreten die Meinung, daß die Entwicklung der Börsenkurse hauptsächlich von der vorhandenen Liquidität und den Zinsen abhängt!

Ein einzelner Börsianer kann trotz bester Hilfsmittel nicht alle wichtigen betriebs- und volkswirtschaftlichen Faktoren beobachten. Versucht er es, wird er zum Wissenschaftler und kann seine Börsenpraxis abhaken. Börsianer sein heißt, gezielt kaufen und verkaufen. Aus fundamentaler Sicht sind in jedem Fall folgende drei Kriterien in die Beobachtungsliste aufzunehmen. Sie unterstützen und vereinfachen das Börsengeschäft wesentlich. Die drei wichtigsten fundamentalen Kriterien sind:

- Gewinn
- Zinsen
- Liquidität

Die aktuelle Beurteilung ist relativ einfach. Bekannt ist die Gewinnsituation sowie die vorhandene Marktliquidität. Als Kriterium für die Zinsen empfiehlt sich der aktuelle Diskontsatz. Wer es differenzierter machen möchte, kann zusätzlich die kurz- und mittelfristigen Zinssätze mit aufnehmen. Noch wichtiger als die aktuelle Beurteilung ist die zukünftige Entwicklung, so daß Sie in Ihre Checkliste diese in Form der Prognose ebenfalls eintragen.

Checkliste: fundamentale Börsenkriterien		
	Aktuelle Situation	Zukunftsprognose
Gewinn	....	....
Zinsen	....	....
Liquidität	....	....

Charttechnik

Die Charttechnik entwickelte sich sozusagen zwangsläufig. Sie ist ein Abfallprodukt der Statistik. Schon immer haben Statistiker die aktuellen ökonomischen Daten festgehalten. Nach bestimmten periodischen Zeiteinheiten ergeben sich dann automatisch Tabellen und Grafiken. So werden die Schwankungen der Aktienkurse fortlaufend festgehalten.

Die älteste Form der Chartanalyse wird übrigens den Japanern zugeschrieben. Sie haben bereits vor über 200 Jahren Terminmärkte für den Reishandel eingerichtet. Jeder Markttag wurde in Form einer Kerze abgebildet. Sie sollte jeweils das Hoch und Tief des Handels erfassen und darstellen. Einige Chartisten übernahmen diese Form der sogenannten Candle-Stick-Charts.

Ansonsten existiert eine ganze Reihe von Charttheorien, die allesamt den Fehler haben, daß sie zu sehr von der Vergangenheit ausgehen. Große Aufwärtsentwicklungen oder auch Abwärtsentwicklungen werden von ihnen häufig nicht vorhergesagt.

Das gilt auch für einen der bekanntesten charttechnischen Ansätze, die von Ralph N. Elliott entwickelte Elliott-Wave-Theorie. Ähnlich wie die Konjunkturtheoretiker beschäftigte er sich mit typischen, immer wiederkehrenden Verläufen an den Finanzmärkten. Letzten Endes läuft das auf eine wissenschaftlich ermittelte Gesetzmäßigkeit hinaus. Die Grundannahme lautet, daß mit zyklischer Regelmäßigkeit nach drei Aufwärtswellen zwei Konsolidierungswellen (Abwärtswellen) folgen.

Mittels leistungsfähiger Computer kann man diese Theorien gut überprüfen. Die Ergebnisse zeigen, daß nur derjenige Elliott-Wave-Theoretiker an der Börse erfolgreich ist, der nicht stur an seinem System festhält. Wie gut übrigens der Computer die Börsenkurse vorhersagen kann, wird mit immer komplexeren Systemen, die in neuronale Netze integriert werden, dargestellt.

Am einfachsten ist die amerikanische Chartanalyse, die davon ausgeht, daß man eine Aktie am Beginn einer Aufwärtsentwicklung kaufen soll. Wie erkennt man das? Indem man die vorhergehende Abwärtsentwicklung genau verfolgt hat und geduldig die darauffolgende Konsolidierungsphase abwartet. Erst wenn sich nach dieser Kurskonsolidierung, die beispielsweise ein halbes oder ein ganzes Jahr dauern kann, ein neuer, stabiler Aufwärtstrend gebildet hat, dann wird der Kauf plaziert.

Chart 10: Amerikanische Chartanalyse

Eine Garantie kann es selbstverständlich auch für dieses Modell nicht geben. Über Nacht sind Turbulenzen auf den Weltmärkten möglich. Über Nacht können Gewinneinbrüche gemeldet werden, die von keinem Fundamentalisten und von keinem Chartisten der ganzen Welt vorhergesagt werden können. Doch die Grundthese dieser einfachen Charttheorie leuchtet ein. Zumindest vermeidet man mit ihrer Hilfe die ganz großen Fehler an der Börse: den Kauf einer Aktie zu ihrem Höchstkurs. Setzt man auf diesen verständlichen Aspekt der Charttheorie und richtet sein privates Portefeuille ausschließlich nach Qualitätsaktien aus, so kann nicht viel schief gehen. Im Gegenteil, das Depot wird sich auf mittlere und längere Sicht prächtig entwickeln.

Die psychologische Interpretation der Börse

Die Börse besteht aus 50 % Ökonomie und aus 50 % Psychologie. Hin und wieder hört man diesen Satz bei Diskussionen rund um Aktien, Optionsscheine und Devisen. Genaugenommen ist bereits die Charttheorie als psychologische Theorie einzuordnen. Wir alle wissen, daß nicht nur die Tatsachen alleine, sondern vor allen Dingen die Bewertung der Tatsachen das Wesentliche im Leben ausmachen. Klar, einfach und schön drückt das LaRochefoucauld aus: „Die größte Gabe ist es, den Wert der Dinge richtig zu beurteilen."

Auch für uns Börsianer ist dies eine der größten Gaben. Wir haben es jedoch noch mit einer zusätzlichen Erschwernis zu tun. Wir müssen zum aktuellen Wert noch den Wert der Zukunft dazufügen. Kann man schon die aktuelle Bewertung niemals exakt feststellen, wie soll man dann darüber hinaus den zukünftigen Wert ermitteln. Es handelt sich also immer um Prognose, um Spekulation.

Für den Börsenkurs ist von entscheidender Bedeutung, wie die Mehrheit der Aktionäre urteilt. Stürzt sich die Mehrheit auf eine bestimmte Aktie, so steigt der Kurs. Gibt eine Mehrheit die Stücke ab, so fällt der Kurs. Daraus resultiert, daß es ratsam ist, vor dem ersten Börsengang nicht nur Ökonomie, sondern auch Massenpsychologie zu studieren.

Wer an der Börse einen psychologischen Ansatz verfolgt, wird die tagesaktuellen Meldungen immer auf ihren Hintergrund untersuchen. Welche Wirkung wird diese Meldung haben? Was für eine Absicht steckt möglicherweise dahinter? Kurzum, der psychologisch orientierte Börsianer hebt von der Realität ab und begibt sich auf die Meta-Ebene. Er will von einer höheren Warte aus ergründen, was tatsächlich vorgeht und wie die Wirkung sein wird.

Warum sagen z.B. die Wallstreet-Börsianer „sell on good news"? Man rechnet damit, daß bei guten Unternehmensnachrichten viele Menschen die Aktie kaufen wollen. Also kann man aufgrund der hohen Nachfrage an diesem Börsentag einen hohen Kurs beim Verkauf erzielen. Gleichzeit rechnet man damit, daß der positive Effekt der guten Nachricht relativ rasch wieder verklingt. Spekulanten, die über den Tag hinausschauen, sehen den Aktienkurs bereits wieder fallen. Da sie an dem Papier nachhaltig interessiert sind, werden sie es ein oder zwei Wochen später wieder zurückkaufen.

Erstaunlicherweise klappt dieser reduzierte massenpsychologische Ansatz in der Praxis auf kurze Frist recht gut. Wie der Erfolg zeigt, hat er auch auf lange Sicht Berechtigung. Besonders bei den zyklischen Aktien, z.B. im Fahrzeugbereich, kann man das feststellen. Wer sich einarbeiten möchte, soll sich den aktuellen Chart von Volkswagen besorgen und zusätzlich einen historischen Chart, der die letzten 30 bis 40 Jahre beleuchtet. Nimmt man die Umsatzzahlen dazu, so erkennt man gut das Verhalten bei den Tiefst- und Höchstkursen.

Psychologisch orientierte Börsianer kümmern sich natürlich nicht nur um Einzelwerte. Sie sind hauptsächlich an der Gesamtstimmung des Marktes interessiert. In der Regel sind sie gute Index-Spekulanten. Ihre These lautet: Warum sich mit einer einzelnen Aktie quälen, wenn der ganze Index zu haben ist. Index-Zertifikate und Index-Optionsscheine sind ein hervorragendes Medium für solche Börsianer. Doch ein guter Theoretiker ist noch lange kein guter Praktiker. Testen Sie sich selbst! In der Regel kauft man Aktien dann, wenn die Stimmung am

Tiefpunkt angelangt ist. Wenn jeder die Meinung vertritt, Aktien werden in Zukunft nur noch sinken. Tiefster Pessimismus ist in Lethargie und psychologische Depression ausgeartet. Dann schlägt die Stunde der wahren Spekulanten und Börsenkünstler.

Den punktgenauen Einstieg kennt keiner. Aber daß man in der richtigen Phase gekauft hat, das spürt man. Wenn es beim Kauf ein bißchen weh getan hat, dann war es meistens der richtige Zeitpunkt. Rational ist man sich nicht sicher, daß man gut gekauft hat, aber emotional spürt man, daß es eine gute Entscheidung war. Beim Kampf Verstand gegen Gefühl verliert meistens ersterer. So ist die Börse.

Subjektives Börsianer-Profil und objektive Marktgegebenheiten

Es kann nicht anders sein, als daß sich die einzelnen Anleger nicht immer mit den objektiven Marktgegebenheiten in Einklang befinden. Außer dem vermögenden Langfrist-Investor, der sich um die kurz- und mittelfristigen Trends überhaupt nicht kümmert, leiden alle anderen Börsen-Persönlichkeitstypen mehr oder weniger stark am Auf und Ab des Kursniveaus. Liegt man mit seiner Meinung – und mit seinem Geld – genau entgegengesetzt zum aktuellen Markttrend, erreichen Kontostand und Stimmungsbarometer laufend neue Tiefstände.

Deshalb ist es vernünftig, seinen Börsen-Typ gelegentlich zu analysieren und bezüglich der seelischen und monetären Ergebnisse zu reflektieren. Man sollte das tun, bevor sich Verluste angesammelt haben. Aber selbst wenn es bereits so weit gekommen ist, ist die Reflexion der Depression vorzuziehen.

Orientieren Sie sich anhand der nachfolgenden Tabelle zuerst an den objektiven Marktgegebenheiten. Entweder befinden Sie sich in einer Hausse oder in einer Baisse. Dabei dominiert gerade entweder das Anfangs-, Reife- oder Auslaufstadium.

Objektive Marktgegebenheiten	Subjektives Anlegerprofil	Ergebnis	
aktuelles bzw. unmittelbar bevorstehendes Stadium	Selbst- und Fremdeinschätzung bezüglich Chance/Risiko-Verhalten	seelisch	finanziell
Hausse	konservativ/defensiv dynamisch hochspekulativ	gut sehr gut euphorisch	unterdurchschnittlich überdurchschnittlich überragend
Baisse	konservativ/defensiv	zufrieden	kurzfristige Verluste langfristig im Gewinn
	dynamisch hochspekulativ Ausnahme-Typ: Baissier	angeschlagen euphorisch euphorisch	überschaubare Verluste starke Verluste Höchstgewinne

Setzen Sie Ihren persönlichen Geldtag fest

Man kann zwar den Erfolg nicht unmittelbar anstreben, aber man sollte ungefähr eine Vorstellung von seinen Fähigkeiten und Möglichkeiten haben. Wer als konservativer Investor beginnt und nach einigen Erfahrungen im ersten und zweiten Jahr jeweils ca. 10 bis 15 % Gewinn macht, sollte über den möglichen Erfolg im nächsten Jahr nachdenken.

Wer gerne mit Aktien handelt, wem die ganze Börsenszene im Blut liegt, der wird früher oder später sowieso Erfolg haben. Schließlich wird die persönliche Strategie und Taktik von Monat zu Monat, von Jahr zu Jahr besser und ausgefeilter. Man lebt in den Rhythmen der Börse und beherrscht sie schließlich. Natürlich nie ganz, denn das wäre langweilig. Aber man ist so weit vorangeschritten, daß man die ganz großen Verlustrisiken ausgeschaltet hat. Wer so weit ist, kann sich voll auf die Gewinne konzentrieren.

Wer also 10 % im letzten Jahr erzielt hat, soll für das nächste Jahr gleich die Verdoppelung auf 20 % Gewinn anstreben. Das bedeutet nicht, daß man selbst um 100 % besser sein muß als im letzten Jahr. Man hat schließlich nicht mehr Zeit zur Verfügung. Aber man kann die zeitlichen Rhythmen und Intervalle besser steuern als es im letzten Jahr der Fall war. Es gibt ja gerade unter den Börsianern den besonderen Typ des Planungs- und Zahlenfetischisten. Für diese Gruppe ist es besonders leicht, sich entsprechende Selbstrationalisierungs-Programme zusammenzustellen. Bestimmen Sie die Zeit, die Ihnen zur Börsenanalyse und Prognose bleibt. Denn ohne entsprechenden zeitlichen Einsatz gibt es keinen Erfolg. Stellen Sie entsprechende Planungen zusammen für

- Wochentage
- Wochenenden
- Monate
- Jahres-Planung

Praxis-Tip:

Das Minimum ist ein persönlicher Geldtag pro Monat. Selbst wenn Sie nur diesen einen Tag gründlich über Geld und Börse nachdenken, wird sich das im wahrsten Sinne des Wortes auszahlen. Ohne eigene Überlegung, Analyse und Prognose geht an der Börse überhaupt nichts. Sie alleine sind für das Ergebnis, für Verlust und Gewinn, verantwortlich. Delegieren Sie Ihre Verantwortung nicht an Ihren Bankberater, Börsendienst u.a. Kurzfristig orientierte Anleger überprüfen ihre Erfolge in der Regel öfter und intensiver als Mittel- und Langfristanleger. Deshalb ist für letztere beide Gruppen der persönliche Geldtag noch wichtiger. Die Eigenbeobachtung schärft zudem den Blick für den möglichen Ausstieg, wenn es an der Börse einmal abwärts geht.

Checkliste: Merkmale eines erfolgreichen Börsianers

Es gibt nicht das alleinige und 100%ige Profil erfolgreicher Investoren, sondern es gibt sehr viele verschiedene Persönlichkeiten. Letzten Endes aber wird der Erfolg in Prozenten gemessen. Und bei diesem Thema kann sich keiner selbst betrügen. An dieser Stelle geht es lediglich darum, aufzuzeigen, welche Anforderungen man an sich selbst stellen muß.

Der erfolgreiche Anleger ...

- kontrolliert die wichtigsten Märkte regelmäßig: am besten täglich, mindestens aber einmal wöchentlich ausführlich.

- analysiert und handelt schnell: Wer einen Fehler schnell gutmacht, macht ihn doppelt gut. Die Fehleranalyse gehört zum wichtigsten Instrumentarium überhaupt.

- konzentriert sich auf zehn Aktien: Es können auch weniger sein. Wichtig ist: mehrere Branchen, mehrere Länder.

- entwickelt eine individuelle Erfolgsstrategie und Taktik: Dabei wird klar zwischen konservativen, dynamischen und hochspekulativen Titeln getrennt.

- hat die Fähigkeit, sich gegen die vorherrschende Mehrheitsmeinung zu entscheiden: Nur auf diese Art und Weise kommt es zu den ganz großen Gewinnen.

- besitzt mehr als nur ökonomisch-rationale Logik: Alle gesammelte Börsenerfahrung lädt den Faktor Intuition auf.

- hat Distanz zur Börse: Für alle erfolgreichen Spezialisten und Künstler ist Distanz ein notwendiges Element des persönlichen Stils.

- läßt sich nicht von Stimmungen mitreißen: Ob Börseneuphorie oder Ausverkaufsstimmung, der Erfolgsinvestor behält stets einen kühlen Kopf.

- wird bei Panik hellwach: Dies betrifft die Situation des Börsenkrachs. In dieser Lage darf man niemals zum Verkauf gezwungen sein. Die Devise heißt: abwarten, durchhalten und zukaufen.
- ist Timing-Künstler: Neben Geld ist Zeit das wesentliche Kapital erfolgreicher Börsianer. Wer in mehr als fünf von zehn Fällen auf den richtigen Zeitpunkt setzt, darf sich Timing-Künstler nennen.

Es gibt noch sehr viele weitere Merkmale des erfolgreichen Anlegers, die oben angeführten sind jedoch besonders wichtig. Entscheidend ist, daß Sie es ernst meinen und immer bereit sind, Ihren persönlichen Stil zu vervollkommen. Hin und wieder hört man in Börsengesprächen „Das ist seine Handschrift, sein persönlicher Stil. Das paßt genau zu ihm!" Solche Sätze sind als Kompliment zu verstehen, denn wenn Sie Stil haben, arbeiten Sie auf eine ganz bestimmte Art und Weise. Der Stil kann zwar nie umfassend für alle Geschäfte geeignet sein. Aber in den Bereichen, die Sie mit ihm abdecken, arbeiten Sie sehr gut. Darauf kommt es an!

Checkliste: Aktienkauf vorbereiten

- Welche Aktien passen zu Ihrer Börsenpersönlichkeit?
  - Konservative: klassische Wachstumswerte
  - Dynamische: zyklische, konjunkturabhängige Aktien
  - Hochspekulative: sehr spekulative in- und ausländische Papiere

- Welchen Zeithorizont wählen Sie für Ihre Anlage? Grundsätzlich haben Sie drei verschiedene Zeiträume zur Auswahl:

- Kurzfristige Anlage:
Sie umfaßt den Zeitraum bis zu sechs Monaten. Extrem hoher Arbeitseinsatz. Sie benötigen viele Stunden für Analyse, Kontrolle und Entscheidung. Geeignet für Anleger mit viel Zeit und starken Nerven.
- Mittelfristige Anlage:
Sie umfaßt den Zeitraum von sechs Monaten bis zu eineinhalb Jahren. Hoher Arbeitsaufwand – allerdings deutlich weniger als bei der kurzfristigen Anlage. Geeignet für Anleger, die sich an der Börse stark engagieren wollen, aber den 100%igen Einsatz scheuen.
- Langfristige Anlage:
Sie geht über eineinhalb Jahre hinaus. Niedriger Arbeitsaufwand, da die Aktienkurse und relevanten Unternehmensdaten nicht so oft kontrolliert werden müssen. Strategische Entscheidungen fallen seltener an. Geeignet für Anleger, die das Börsengeschäft nicht zu sehr in den Vordergrund rücken wollen. Sie brauchen ihre Zeit für andere Dinge des Lebens.

- Welchen Fehler haben Sie evtl. bei Ihrer letzten Börsentransaktion begangen?
  - Haben Sie diesen für die Zukunft ausgeschaltet?
  - Was konnten Sie daraus für Ihre zukünftigen Geschäfte lernen?

- Verfügen Sie über die wesentlichen Profilmerkmale des erfolgreichen Anlegers?
  - Was läßt sich daran noch verbessern?
  - Übernehmen Sie z.B. Empfehlungen/Börsentips zu schnell? Fehlt Ihnen die Distanz zur Börse?

Aktien richtig auswählen

3

Wer die Wahl hat,
hat die Qual 70

Aktien mit Story kaufen 71

Spekulieren nach der großen Idee 72

Auswahlkriterien:
Kurs-Gewinn-Verhältnis, Buchwert,
Produktmanagement 82

Den geeigneten Börsenplatz finden:
im In- oder Ausland? 87

Checkliste: Aktien auswählen 96

*Nichts ist so trügerisch
wie die Tatsachen,
Zahlen ausgenommen.*

George Canning,
englischer Staatsmann

Wer die Wahl hat, hat die Qual ...

Stock-picking, wie die Amerikaner die richtige Auswahl der Aktien nennen, gehört zu den schwierigsten und zeitaufwendigsten Aufgaben der Börsianer überhaupt. Jeden Tag und jede Nacht erleiden sie Höllenqualen und fragen sich ständig: Welches Papier soll ich kaufen? Welches wird steigen, welches wird fallen? Die Antwort erhält man in der Regel etwas später. Man bekommt sie 100%ig und exakt. Das ist das Schöne an der Börsenspekulation, daß alles so ungeheuer präzise abläuft. Man weiß, wieviel man gewonnen und wieviel man verloren hat.

Grundsätzlich haben Aktienanleger die Wahl zwischen folgenden Papieren:

- Wachstumsaktien
- zyklische Aktien
- hochspekulative Aktien
- Casino-Aktien

Darüber hinaus kann man sich noch auf den Märkten der Derivate mit Optionsscheinen und Optionen tummeln.

Wenn die Chance/Risiko-Relation mit der Anlegerpersönlichkeit übereinstimmt, ist die erste Hälfte des Gewinns bereits eingefahren. Wenn man zudem noch überdurchschnittliches strategisch-taktisches Geschick hat, sind riesige Gewinne an der Börse möglich. Eines ist jedoch sicher: Man kann nicht gegen sich selbst spekulieren. Deshalb ist auch die Auswahl der Papiere so wichtig. So wenig wie man einen Riesen auf ein Dreirad setzen kann, kann man einen echten Spekulanten dauernd nur mit konservativen Aktien füttern. Man braucht das jeweils richtige Börsenumfeld, sonst wird man bei der ganzen Angelegenheit unglücklich und erfolglos.

Sie sehen, schon der Einstieg in die Börse ist eine eminent psychologische Sache. Wer über ein ausreichendes Maß an Stabilität verfügt und sich selbst psychisch gut im Griff hat, wird an der Börse erfolgreich sein. Wenn man dazu noch die Brücke zwischen Ökonomie und Psychologie schlagen kann, wird der Erfolg um so größer.

Aktien mit Story kaufen

Das Wort Story bezieht sich hier auf den aktuellen Gehalt einer Aktie. Man soll Aktien dann kaufen, wenn sie aus irgendeinem Grund im Gespräch sind, kurz in aller Munde sind. Jeder spricht gerade über diese Aktie. Der eine rät zum Kauf, der andere zum Verkauf. Trotz widersprüchlicher Meinungen ist die Aktie schon alleine deshalb interessant, weil alle über sie sprechen.

Noch besser ist es, Sie entdecken eine Aktie, kurz bevor sie zum Tagesgespräch auf dem Börsenparkett wird. Dies hat oft mit Intuition oder ganz einfach mit Glück zu tun. Allerdings gibt es Sonderfälle wie z.B. die Übernahme einer Aktiengesellschaft. Man kann zwar nicht genau wissen, wann es dazu kommen wird, aber man ist sich ziemlich sicher, daß eine Übernahme in der Luft liegt. Oft genügt ein einziges Übernahmeangebot oder nur der Verdacht, um eine ganze Branche lebendig zu halten. In diesem Fall kauft man die besten Aktien der Branche.

Als günstig erweist sich der Einstieg auch, wenn ein neues erfolgversprechendes Produkt kreiert wird. Ob dies dann später auf dem Markt wie gewünscht einschlägt, ist zunächst einmal nebensächlich.

Als äußerst günstig für ein angeschlagenes Unternehmen erweist sich ein in Aussicht gestellter Führungswechsel. Einerseits leben wir ja im Zeitalter des Teams, zumindest des Teamgeistes, andererseits ist es immer wieder der große Einzelne, der das Interesse der Öffentlichkeit erweckt. Wie in der Politik, so auch in der Wirtschaft, steht die einzelne Führungskraft im Mittelpunkt. Ob Volkswagen, Siemens oder Coca-Cola, stets achtet man auf den Mann an der Spitze. Besonders interessant für Spekulanten sind Sanierungsfälle. Der neue Mann muß den Turn-Around von der Verlustzone in die Gewinnzone schaffen. Sieht die Börse das voraus, gibt es ein echtes Kursfeuerwerk.

> **Praxis-Tip:**
>
> Am allerbesten ist es, wenn nicht nur die Börsenmenschen, sondern die gesamte Öffentlichkeit mit einem brisanten Thema befaßt sind. Das kann z.B. die kurz bevorstehende Pleite eines Unternehmens sein oder ein Land in großer Krise betreffen. Gelegentlich finden sich auch starke Preisanstiege bzw. Kursstürze von Währungen wie US-Dollar, von Rohstoffen wie Öl oder Gold im Gespräch. In den meisten Fällen handelt es sich inmitten der überhitzen Diskussionsphase entweder um einen günstigen Kaufzeitpunkt oder um einen idealen Verkaufszeitpunkt. Wer einsteigt, hat in naher Zukunft bestimmt nicht über Langeweile zu klagen.

Spekulieren nach der großen Idee

Genauso gut könnte man natürlich von „Investieren nach der großen Idee" sprechen. In jedem Fall aber handelt es sich um eine auf die Zukunft gerichtete Investition, und dies hat natürlich spekulativen Charakter.

Was ist mit „Großer Idee" gemeint? Es geht darum, daß man nicht irgendwelchen Tips nachjagt, sondern sich selbst Gedanken über seine Zukunftsinvestments an der Börse macht. Man denkt darüber nach, welche Bereiche bzw. Branchen in Zukunft besonders erfolgreich sein werden. Dieser Ansatz unterscheidet sich grundsätzlich vom sogenannten „Stock picking", bei dem jeweils nach aussichtsreichen Aktien gesucht wird.

Energie

Es liegt nahe, daß man zuerst an die Grundversorgung der Wirtschaft denkt. Diese ist nur mit ausreichender Energie gewährleistet. Also sind Energieproduzenten in jedem Fall ein gutes Zukunftsinvestment. Die Versorgung mit Strom ist für Unternehmen und private Haushalte unverzichtbar. Folglich sind Aktien von Stromlieferanten meistens eine profitable Angelegenheit. Oft genug wird eine Dividende bezahlt, die etwas über dem Durchschnitt liegt und sich an den Zinsen des Rentenmarktes orientiert. Die großen Stromkonzerne haben inzwischen so viel Geld verdient, daß sie andere Bereiche mit in ihr strategisches Konzept aufgenommen haben. Reine Stromaktien gibt es nur noch selten.

- *Ölaktien*

Bei Langfristanlegern sind zu Recht Ölaktien beliebt. Die Großen der Branche, z.B. Royal Dutch und ExxonMobil werden oft über viele Jahre im Depot gehalten. Dies dürfte auch in Zukunft eine geeignete Strategie sein. Wegen der immer knapper werdenden Vorräte sind langfristig eher noch höhere Gewinne als in der Vergangenheit zu erwarten. Ganz besonders trifft das für die Öl-Service-Branche zu. Sie liefert den Ölmultis die Geräte und das Know-how, mit dem diese dann zu Lande oder auf dem Wasser nach Öl bohren. Zu den größten und interessantesten Öl-Service-Unternehmen gehören die amerikanischen Firmen Schlumberger und Halliburton.

Für das genaue Timing sollten Sie sich jeweils einen tagesaktuellen Chart besorgen. Kurzfristige orientierte Trader benötigen den Chart unbedingt. Ist eine Phase fallender Ölpreise abgeschlossen, so ergibt sich meist ein wunderbarer Einstieg auf niedrigem Niveau. Umgekehrt soll man diese Titel dringend meiden, wenn die Ölpreise (z.B. während eines besonders strengen Winters) stark nach oben geschossen sind.

Achtung:

Erschwert wird die ganze Ölspekulation durch den Umstand, daß der Staat mittels seiner Mineralölsteuer manipulativ in die Märkte eingreift. In der Praxis bedeutet das, daß die Ölunternehmen vom hohen Benzin- und Dieselpreis überhaupt nichts haben, sondern im Gegenteil eher Umsatzeinbußen hinnehmen müssen. Investoren müssen hier die Steuerpolitik der Regierungen sehr sorgfältig beobachten und mit ins Kalkül ziehen.

Praxis-Tip:

Menschen brauchen immer Energie. Zusätzlich wird sich der Energiebedarf in den aufstrebenden Ländern und Regionen deutlich erhöhen. Dies ist die Zukunft, auf die der langfristig orientierte Börsianer bauen kann.

- *Gasaktien*

Was für Strom und Öl richtig ist, gilt auch für die großen Gasvorkommen der Welt. Aktiengesellschaften, die hieran beteiligt sind, haben einen enormen Zukunftswert. Vorausschauende Investoren sollten sich daran beteiligen. Im Zweifelsfalle entscheidet man sich immer für die ganz Großen der Branche, auch wenn mitunter gerade die Kleinen der Branche spekulativ am interessantesten sind. Sobald Sie in unbekannte ausländische Unternehmen investieren wollen, besorgen Sie sich vorher die notwendigen Hintergrundberichte.

Erneuerbare Energie

Aus Gründen einer extremen Energie-Knappheit ist vor allen Dingen die Investition in erneuerbare Energien zu fördern. Sonnen-, Wind- und Wasserkraft sind bezüglich des Investitionsvolumens im 20. Jahrhundert sträflich und unverzeihlich vernachlässigt worden.

Die Marktwirtschaften reagieren hier typisch kapitalistisch – nur auf kurze Frist. Doch sobald rasche Gewinne winken, wird sich das Bild schlagartig ändern. Neue Unternehmen werden über Nacht entstehen und die regenerative Energieentwicklung zum Kern ihres Geschäftes machen. Ein Gründer-Boom solcher Firmen wird kommen. Staatliche Förderung dürfte ihnen zumindest in der Anfangsphase sicher sein.

Rohstoffe

Trotz Einsparungen und zunehmenden Recycling-Verfahren haben wir es in der Zukunft weiterhin mit einem weltweit steigenden Rohstoff-Verbrauch zu tun, ja, wir werden sogar noch Kämpfe um Rohstoffe erleben. Im Vordergrund steht dabei der Rohstoff Nummer eins: das Wasser. Ohne Wasser ist weder menschliches noch tierisches oder pflanzliches Leben möglich. Geo-Wissenschaftler haben bereits grauenhafte Zukunfts-Szenarios entwickelt. Einige gehen von einer extremen Verknappung des Rohstoffes Wasser aus.

Selbst wenn es nicht so weit kommt, sind Geldanlagen in Unternehmen, die sich mit Wasser beschäftigen, eine gute Sache. Wasser-Monopole werden die einzelnen Regierungen wohl kaum zulassen. Die Marktwirtschaft hat dort ihre Grenzen, wo es um elementare Bedürfnisse aller Menschen geht. Denn der Monopolist könnte zum Schluß jeden Preis verlangen, da Wasser lebensnotwendig ist. Der an langfristigen Gewinnen interessierte Anleger muß seine Chancen auf den interessanten Märkten suchen. Geht er dabei klug und zielgerichtet vor, wird seine Geldanlage bestimmt nicht ins Wasser fallen!

- *Metallische Rohstoffaktien*

Nicht ganz so dramatisch, aber ebenfalls steigend ist die Nachfrage nach den immer knapper werdenden metallischen Rohstoffen. Blei, Zinn, Zink, Nickel und andere Metalle sind für unsere Industrie unverzichtbar. Gleiches gilt für die Edelmetalle Gold, Silber und Platin. Hier kommen noch die speziellen Interessen aus zahnmedizinischer Sicht sowie die der Schmuckproduzenten hinzu. Der künstlerische und ästhetische Umgang mit Edelmetallen wird immer von Bedeutung sein.

Praxis-Tip:

- In der Hauptsache geht es natürlich um die starke industrielle Rohstoffnachfrage. Börsenkünstler schauen sich vor ihrer Anlageentscheidung die Konjunkturzyklen der wichtigsten Industrieländer genau an. Rohstoffaktien erhält man zu Tiefstkursen, wenn die Märkte ca. ein halbes Jahr zuvor bereits die fallende Abnahme signalisieren.

- Allerdings ist das nur etwas für Anleger mit sehr starken Nerven, da es an den Rohstoffmärkten immer sehr turbulent zugeht. Es genügt, die größten Fehler beim Einkauf zu vermeiden, um sehr hohe Gewinne einzufahren.

Konsum

Essen und Trinken gehören zu den wichtigsten Grundbedürfnissen. Die großen Nahrungsmittelkonzerne verstehen sich glänzend darauf, diese Bedürfnisse zu befriedigen. Sie bieten alte bewährte Produkte und bringen jedes Jahr ein paar neue auf den Markt. Ein gutes Management wird der Kreativität ihrer Produktplaner keine Grenzen setzen. Daß alles gut schmecken muß, ist selbstverständlich. Doch das genügt nicht. Offenbar ist der Reiz des Neuen besonders wichtig. Ansonsten könnten sich die großen Konzerne die Ausgaben für Produktinnovationen und Werbung sparen. Ein Milliardenbetrag würde dann zusätzlich auf die Gewinne durchschlagen.

Doch so einfach ist das nicht. Achten Sie einmal darauf, wieviel Neues die Großen der Branche ständig via Public Relations auf den Markt bringen. Fällt ein Produkt durch, weil es beim Endverbraucher nicht ankommt, so können die Konsumgiganten das verschmerzen. Kleinunternehmen gehen daran unter Umständen zugrunde. Für erfolgreiche Aktionäre ist dieses Gedankenspiel wichtig, weil es ihre Basisentscheidung beeinflußt.

Praxis-Tip:

Es ist ein großer Unterschied, ob Sie sich für die Aktie eines kleinen oder mittleren Konsumunternehmens entscheiden oder ob Sie von vornherein nur auf starke Titel wie Nestlé, Philip Morris und Unilever setzen. Denn diese Aktien eignen sich glänzend für ein langfristig ausgerichtetes Wertpapierdepot. Obwohl sie eine klassische Basisanlagen bilden, unterliegen auch sie gewissen Zyklen, die Börsianer genau studieren sollten.

Chart 11: Kursverlauf der Aktie eines Konsumgiganten

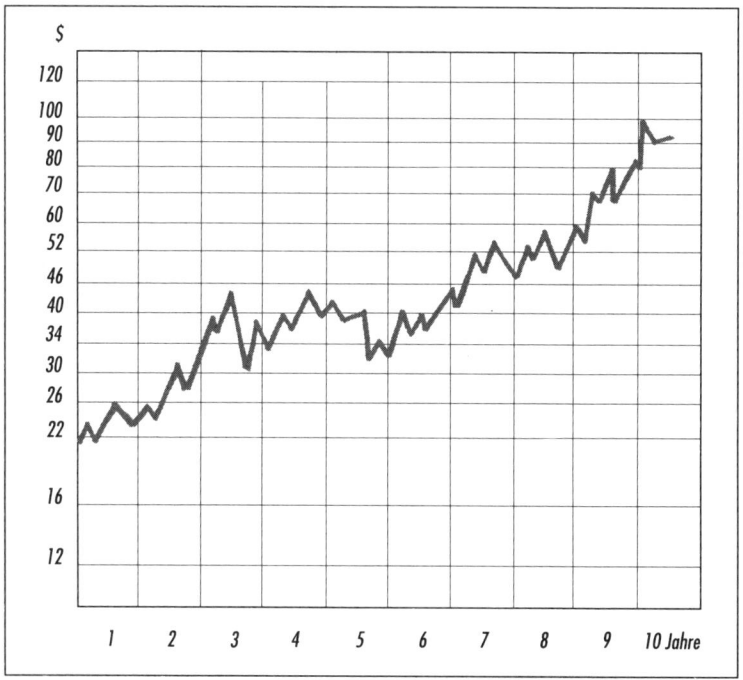

Innerhalb von zehn Jahren wurde der Aktienkurs vervierfacht. Das Risiko ist bei guten Konsumwerten äußerst gering, wenn man eine langfristige Perspektive hat.

Innovation

In den nächsten fünf bis zehn Jahren wird sich die Welt gewaltig verändern. Hierzu werden besonders die Innovationen im High-Tech-Bereich, im Gen- und im Biotechnikbereich beitragen. Die erste große Welle der Innovationen ist von High-Tech-Unternehmen aus dem Computer- und Softwaresektor zu erwarten. Die Chips der nächsten Generation werden extrem leistungsfähig sein und alles bisherige in den Schatten stellen.

Praxis-Tip:

Die besten Unternehmen der Branche sollten Börsianer stets im Visier haben. Aktiengesellschaften wie Intel, Microsoft, Sun Microsystems, Hewlett Packard, Texas Instruments und viele andere gehören zum Pflichtstudium versierter Börsianer. Dabei sind die japanischen Konkurrenzunternehmen wie Fujitsu nicht zu unterschätzen.

Alle diese Branchen sind besonders schnellebig. Die Unternehmen sind allesamt gut, entwickeln sich aber dennoch im Kurs unterschiedlich. Immer wieder ergeben sich Chancen für einen Einstieg, da die Kurse häufig starken Schwankungen unterliegen. Werden z.B. wegen einer geringeren Gewinnerwartung sog. Gewinnwarnungen herausgegeben, ist oft ein günstiger Kauf möglich. Bringt die Konkurrenz ein erfolgreiches Produkt auf den Markt, sinkt oft der Aktienkurs des davon betroffenen Unternehmens. Auch ein drastischer Kurseinbruch kann die Folge sein. Dann ist zu prüfen, ob die Substanz und das kreative Potential der Mitarbeiter ausreichen, um das Unternehmen wieder nach vorne zu bringen. Ist das der Fall, so sollte man die Aktie auf Kauf stellen.

Die großen Kursschwankungen all dieser Unternehmen machen ihre Aktien besonders interessant. Kursstürze von 50 % innerhalb eines Jahres sind keine Seltenheit. Vorsichtige Anleger sollten dabei jeweils warten, bis sich ein leichter neuer Aufwärtstrend gebildet hat. Mutige Spekulanten können sofort einsteigen.

Kommunikation

Zu den größten Wachstumsmärkten der Zukunft gehört der gesamte Bereich Kommunikation. Die Wachstumsraten werden noch höher sein als in anderen Branchen, z.B. Medien. Grundsätzlich sind dabei mehrere Teilbereiche und Systeme zu unterscheiden. Der Telefonbereich ist aufzuteilen in die Telefonhauptanschlüsse des Festnetzes und den Sektor der Mobiltelefone. Für die nationale und internationale Kommunikation immer wichtiger wird das Internet. Hierfür ist ein Personal Computer unverzichtbar. Gleichzeitig ist zu differenzieren zwischen Internet-Anbietern und Internet-Nutzern.

- *Telefon-Hauptanschlüsse (Festnetz)*

Die starke Zunahme im Festnetzbereich wird am besten durch Fakten belegt. Bis zum Jahr 2001 werden Hauptanschlüsse weltweit die Zahl von über 1 Milliarde erreichen bzw. überschreiten. Anschließend wird das Wachstum etwas moderater weitergehen. Das alte Festnetz hat also noch längst nicht ausgedient, sondern eine stabile wachstumsorientierte Zukunft vor sich.

- *Mobiltelefone*

Immer mehr Menschen wollen unabhängig vom Festnetz telefonieren. Die Entwicklung ist deshalb wesentlich dramatischer als beim Festnetz. Gab es 1991 nur 16 Millionen, waren es fünf Jahre später bereits 135 Millionen Mobiltelefone. Bis zum Jahr 2001 wird sich die Zahl zwischen 400 und 500 Millionen einpendeln. Anschließend dürfte der Markt weiter langsam wachsen.

Aktionäre müssen im gesamten Bereich Telekom vorsichtig ans Werk gehen, da die Bäume nicht in den Himmel wachsen. Der Konkurrenzdruck wird jährlich stärker. Wer auf falsche Telekom-Gesellschaften gesetzt hat, geht als Verlierer aus dem Markt. Gewinner wird in jedem Fall der Kunde sein. Die Konkurrenz beschert ihm laufend niedrigere Gebühren.

Praxis-Tip:

Die Zahl der Telekom-Aktiengesellschaften wird zunächst deutlich anwachsen. Der Konkurrenzkampf wird einige zum Ausscheiden zwingen. Dazu gehören bestimmt nicht die ganz Großen dieses riesigen Marktes. Die Deutsche Telekom hat gute Chancen, ihren Platz unter den ersten Zehn weiterhin zu behaupten. Umsätze wie bei AT & T oder Nippon T & T sind allerdings unerreichbar. Für Spekulanten interessant sind kleinere Telekom-Gesellschaften aus den USA, dem lateinamerikanischen und dem asiatischen Bereich.

- *Personal Computer*

Nicht nur für die interne, sondern auch für die externe Kommunikation kann man auf Personal Computer nicht verzichten. Eine Teilnahme am Internet ist ohne sie nicht möglich. Wachstumsprognosen können niemals 100%ig sein. Präzise kennen wir aber die Steigerungsrate zwischen 1991 und 1996. Es gab eine Verdoppelung von 123 Millionen auf 245 Millionen. Bis zum Jahr 2001 ist mit ca. 450 Millionen Personal Computern zu rechnen.

Trotz eines harten Verdrängungswettbewerbs stehen den PC-Herstellern gute Zeiten bevor. Zumal nach 2001 mit weiter steigenden Verkaufszahlen gerechnet werden kann. Laufende Innovationen lassen die PCs immer schneller veralten. Zu rechnen ist auch mit einer ständig ansteigenden Zahl von Leasing-Verträgen.

Praxis-Tip:

Konservative Investoren sollten sich von diesen Märkten eher fernhalten. Es handelt sich um einen dynamisch-spekulativen Markt, der sich für Börsianer eignet, die zyklische und turbulente Aktienszenarios lieben.

- *Internet-Anbieter*

Die Zahl der Internet-Anbieter klettert unaufhaltsam nach oben. Längst gehören die Zahlen ab 1991 (700 000) zur Internet-Geschichte. Bis zum Jahr 2005 ist mit mehreren hundert Millionen zu rechnen. Ein weiterer Anstieg auf der Anbieterseite ist vorprogrammiert.

Aktionäre können sich an den großen Profiteuren des Internet-Geschäfts beteiligen. Vor allen Dingen US-amerikanische Aktiengesellschaften sind auf dem Vormarsch.

Praxis-Tip:
Spekulative Kurz- und Mittelfrist-Anleger kommen voll auf ihre Kosten. Falls sie die Aktien von Kleinstunternehmen erwerben, sollten sie die 10%-Verlust-Verkaufsregel in Erwägung ziehen.

- *Internet-Nutzer*

Sie profitieren von einem fast grenzenlosen Angebot aus allen Bereichen des Lebens. Ob suchender Spezialist oder privater Internet-Surfer – man bekommt alles: Harte wissenschaftliche Fakten, professionelle Tips oder einfach nur Fun. Bald wird man die User in Milliarden zählen.

Gesundheit

Wohl die meisten Menschen wünschen sich ein langes und gesundes Leben. Vielen genügt das nicht, sie wollen auch noch schön sein. All diese Felder werden von der pharmazeutischen Industrie glänzend bearbeitet. Wie erfolgreich sie das tun, zeigt die langfristige Kursentwicklung der besten Unternehmen.

Sie sollten dazu einen aktuellen Chart z.B. des US-Unternehmens Merck zur Hand nehmen und studieren. Auch bei diesen Aktien findet man gelegentlich eine gute Einstiegsmöglichkeit. Sie ist meistens dann gegeben, wenn ein bewährtes Produkt nicht mehr so richtig läuft oder ein neues auf dem Markt nicht aufgenommen wird. In der Regel übertreibt dann die Börse kräftig und bringt die Kurse auf ein extrem niedriges Niveau. Werden solche Qualitätsaktien unter Wert gehandelt, schlägt die Stunde intelligenter Investoren!

Umwelt

Die Anforderungen an die Umwelttechnologie werden immer größer und differenzierter. Die Entsorgung und Wiederaufarbeitung von Extremabfällen stellt für die Besten der Branche eine lohnenswerte Herausforderung dar. Die Branche ist jedoch insgesamt noch im Anfangsstadium der Entwicklung. Der wirklich große Durchbruch muß und wird noch kommen. Neue Spezialunternehmen werden entstehen. Die Giganten aus der Großchemie, wie BASF, Bayer und Hoechst, werden ihre eigenen Umweltprobleme von sich aus in den Griff bekommen und sind auf fremde Hilfe immer weniger angewiesen. Spezialisten wie BUS (Berzelius Umweltservice) und Sero werden zunehmend eine größere Rolle spielen. Sie sind ebenso wie die amerikanische Waste-Management-Aktie börsentäglich an deutschen Börsenplätzen handelbar.

Auswahlkriterien: Kurs-Gewinn-Verhältnis, Buchwert, Produktmanagement

Unabhängig davon, welche Aktie man erwirbt, kauft man immer an einem ganz bestimmten Markt. Leider gibt es keine Superformel, um alle Börsenplätze der Welt perfekt miteinander vergleichen zu könne. Streng genommen gibt es auch keine wissenschaftliche Aktienprognose. Es gibt nur Prognosen mit einem hohen oder einem niedrigen Wahrscheinlichkeitsgehalt. Weltweit sehen die Börsianer im Kurs-Gewinn-Verhältnis (GKV) des Gesamtmarktes die beste Vergleichsmöglichkeit. Man vergleicht also z.B. das Markt-Kurs-Gewinn-Verhältnis der US-amerikanischen Börse mit dem europäischer Börsen oder der japanischen Börse. Man ermittelt das Markt-KGV, indem man alle Aktien eines Index zusammenfaßt und dann den Durchschnitt errechnet. Angenommen, dieser Vergleich bringt folgendes Ergebnis:

- USA: Kurs-Gewinn-Verhältnis 20
- Deutschland: Kurs-Gewinn-Verhältnis 16
- Japan: Kurs-Gewinn-Verhältnis 48

Objektiv betrachtet sagen die Zahlen folgendes aus: In Amerika werden die Aktien des Dow-Jones-Index durchschnittlich mit dem zwanzigfachen Jahresgewinn gehandelt, in Deutschland mit dem sechzehnfachen und in Japan mit dem achtundvierzigfachen.

Wichtig:

Würde nun ein naiver Investor, der viel von fundamentalen Daten hält, zur Auswahl genötigt, dann kauft er an erster Stelle selbstverständlich deutsche Aktien, danach amerikanische und – falls überhaupt – an letzter Stelle japanische Aktien. Ist dieses Verhalten richtig? Auf den ersten Blick bestimmt, denn man sollte schließlich auf einen preiswerten Einkauf achten. Schiebt man aber den Vorhang zur Seite und wirft einen Blick hinter die Kulissen, sieht die Sache häufig ganz anders aus. Ein hohes Kurs-Gewinn-Verhältnis ist nur dann gerechtfertigt, wenn die Zukunft für die Unternehmen glänzend aussieht. Also drückt eine hohes Kurs-Gewinn-Verhältnis u.U. sehr viel Positives aus, während man gerade bei einem niedrigen KGV darüber nachdenken sollte, warum es so niedrig ist. Welche negativen Fakten wirken sich belastend aus?

In jedem Fall aber ist das Kurs-Gewinn-Verhältnis des jeweiligen Aktienmarktes abhängig von

- den Wachstumsprognosen für die Wirtschaft insgesamt
- der Einschätzung des zukünftigen Gewinnwachstums der einzelnen Unternehmen
- der erwarteten Zinsentwicklung
- Inflations- bzw. Deflationserwartungen

Der Blick auf das Markt-Kurs-Gewinn-Verhältnis ist deshalb so wichtig, weil es einen großen Einfluß auf die einzelnen Aktienkurse hat. Viel zu wenig achten Börsianer darauf. Wenn z.B. das Markt-KGV bei 24 liegt und Sie sind der Meinung, es ist entschieden zu hoch, dann sollten Sie vorsichtig sein. Beurteilen Sie, ob es nicht genauso gut bei 16 liegen könnte. Wenn ja, liegt möglicherweise ein Verlustpotential von einem Drittel (über 30 %) vor. Bis Sie das wieder aufgeholt haben, müssen Ihre Papiere um 50 % steigen. Erst dann ist der ursprüngliche Stand wieder erreicht.

Die Einordnung des Markt-KGVs unter die fundamentalen Kriterien täuscht darüber hinweg, daß es sich letzten Endes doch um ein im wesentlichen psychologisches Kriterium handelt. Es geht nicht um das konkrete Gewinnwachstum, sondern um das zukünftige. Und das kennt niemand exakt. Es geht auch nicht um die konkreten Zinsen und die konkrete Inflationsrate, sondern um die diesbezügliche Erwartungshaltung. Wie man es auch nimmt, stets landet man beim Psychofaktor.

Praxis-Tip:

Nehmen Sie das Markt-Kurs-Gewinn-Verhältnis ernster, als es die meisten Börsianer in der Praxis tun. Extreme Werte, also sehr hohe und sehr niedrige KGVs, nehmen Sie besonders kritisch unter die Lupe.

Bei einzelnen Aktien ist das KGV ein anerkannter Maßstab. Man setzt ganz einfach den ermittelten Gewinn je Aktie ins Verhältnis zum Aktienkurs. Dabei muß man fairerweise die Unternehmen derselben Branche miteinander vergleichen.

Und was ist, wenn das Unternehmen überhaupt keinen Gewinn macht? Dann läßt sich ein KGV überhaupt nicht berechnen. Dennoch kann gerade diese Aktie besonders interessant sein. Vielleicht wird sie ein echter Turn-Around-Kandidat. Das Unternehmen kann die Verluste minimieren oder gerät sogar in die Gewinnzone. Also kann auch ein KGV mit Null positive Ergebnisse bringen. Umgekehrt erschrickt man, wenn man an ein Papier mit einem KGV von 100 gerät. Hier liegt möglicherweise ein so großes Zukunftspotential vor, daß die Börsianer bereit sind, den hundertfachen Jahresgewinn für eine Aktie hinzulegen. Zahlen und Fakten bedürfen eben immer der Interpretation und sollten dann in eine richtige Prognose umgewandelt werden.

Buchwert der Aktien

Fundamental-Analytiker untersuchen gerne den Buchwert der Aktien. Er ist das Ergebnis aus dem Verhältnis zwischen dem bereinigten Eigenkapital und der Anzahl sämtlicher Aktien. Spezialisten arbeiten zum Teil auch ein Kurs-Buchwert-Verhältnis heraus. Dabei setzt man den Aktienkurs in Beziehung zum Buchwert je Aktie.

Hin und wieder findet man an der Börse tatsächlich Aktien, die unterhalb ihres Buchwertes gehandelt werden. Das hat natürlich einen ganz bestimmten Hintergrund. In der Regel steckt das Unternehmen in einer tiefen Krise oder die Finanzwelt schätzt die Zukunft entsprechend miserabel ein. Handelt es sich um ein grundsolides Unternehmen, dessen Produkte allgemein Anerkennung beim Verbraucher finden, dann lohnt sich u.U. eine besondere Analyse. Sie sollten dabei vor allen Dingen klären, ob die Produkte weiterhin eine Zukunft haben und ob das Management in der Lage ist, das Unternehmen wieder auf Erfolgskurs zu bringen. Wenn das so ist, können Sie sich mit der Aktie ein aussichtsreiches Papier ins Depot legen, das Sie wirklich zu einem sehr guten Preis erworben haben. Nun braucht man nur noch die entsprechende Geduld.

Die bisher genannten Kriterien erleichtern tatsächlich die Auswahl. Besonders wenn es um Großunternehmen geht, werden die aktuellen Zahlen laufend publiziert. Das ist ein entscheidender Vorteil, weshalb sich die Anleger hauptsächlich auf die Großen der Branchen konzentrieren sollten. Bei kleineren Unternehmen kann es u.U. problematisch werden, an das aktuelle Zahlenmaterial heranzukommen.

Achtung:

Das gilt nicht für solche Aktiengesellschaften, die Shareholder value ernst nehmen. Denn diese wollen ihre Aktionäre über alle wichtigen Geschäftsvorgänge, besonders über die Gewinnentwicklung, so schnell und so umfassend wie möglich informieren. Aber es gibt auch Firmen, die am liebsten alle Zahlen verstecken wollen. Wenn Sie sich für ein Papier einer solchen Firma interessieren, dann nehmen Sie die Hilfe Ihrer Bankberater in Anspruch. Wenn Banken an Unternehmen herantreten, so sind sie meist etwas auskunftsfreudiger, als wenn dies Einzelpersonen tun.

Produktmanagement

Produktmanagement gehört zu den entscheidenden Auswahlkriterien überhaupt. Die Produkte der Großen kennt man, und man kann sich ein Bild über ihren zukünftigen Platz auf den Märkten machen. Das Management kennt man indirekt, ist aber auf das von den Medien vermittelte Bild angewiesen. Aber auch hier können Sie sich vor Ort einen unmittelbaren Eindruck verschaffen, wenn Sie gelegentlich Hauptversammlungen besuchen. Schon manch erfahrenere Börsianer hat sein Aktienpaket rasch verkauft, als er die Führungsmannschaft während einer Hauptversammlung auf dem Podium sitzen sah.

Beherrschen Führungskräfte die Kunst des Auftritts nicht glaubwürdig und beantworten sie vor allem die Fragen ihrer Aktionäre nicht ausführlich und entsprechend tiefgründig, dann sollte man das Papier tatsächlich eher auf Verkauf stellen. Auf der anderen Seite entdecken Sie möglicherweise gerade auf einer Hauptversammlung eine hervorragend motivierte Führung, die es versteht, ein Unternehmen wieder in die schwarzen Zahlen zu bringen. Dann sollten Sie mitten im Tiefpunkt beherzt zugreifen. Kleinere und mittlere Unternehmen mit großer Zyklik im Kursverlauf bieten dabei die größten Chancen. Manche Aktienkurse haben sich innerhalb von zwei/drei Jahren verdoppelt, andere in fünf Jahren zum Teil verzehnfacht. So ein Anstieg ist bei normalen Wachstumsaktien nicht drin. Diese Sonderangebote erhält nur der intelligente Investor und Spekulant, der gelegentlich vor Ort der Sache auf den Grund geht.

Den geeigneten Börsenplatz finden: im In- oder Ausland?

Schon aus Gründen der richtigen Chance/Risiko-Relation müssen Geldanlagen breit gestreut werden. Wer z.B. zehn Aktien in seinem Depot haben will, ist gut beraten, diese Papiere nicht nur in einem Land zu kaufen. Wenn sich der Dax- oder der Dow-Jones-Index in einer Baisse befindet, heißt das noch lange nicht, daß dies an anderen Börsenplätzen genauso sein muß. Natürlich hat die New Yorker Börse traditionsweise die Funktion einer Leitbörse, aber nicht alle anderen Börsenplätze müssen ihr zwingend folgend. Merken Sie sich den Grundsatz: Eine Börse liegt immer vorne! Deshalb ist es genauso wichtig, so wie man einzelne Aktien ständig verfolgt, auch die internationalen Börsenplätze und ihre Rangfolge zu beobachten und interpretieren.

Die wichtigsten Finanzzentren

- USA: New York/Wall Street
- Japan: Tokio
- China: Hongkong
- Australien: Sydney
- Großbritannien: London
- Deutschland: Frankfurt
- Schweiz: Zürich
- Frankreich: Paris
- Italien: Mailand
- Niederlande Amsterdam
- Belgien: Brüssel
- Österreich: Wien
- Spanien: Madrid
- Portugal: Lissabon

Für die weltweit agierenden Börsianer ist die Rangfolge bezüglich der einzelnen Umsätze nicht ganz so entscheidend. Wichtiger ist, daß es in dem betreffenden Land gute Chancen für die Aktionäre gibt. Insofern bilden obige Börsenplätze nur einen Teil der Anlagewelt ab. Ebenfalls von Bedeutung sind die nordeuropäischen und osteuropäischen Börsen. Viele Spekulanten interessieren sich für die Kontinente mit aufstrebenden Märkten wie Asien, Mittel- und Südamerika und Afrika.

Das Hauptproblem liegt auf der Hand. Man ist einfach nicht in der Lage, als einzelner sämtliche Börsenplätze zu überblicken, schon gar nicht zu analysieren und auszuwerten. Dies ist bei der Anzahl der Indizes und der vielen tausend Einzelwerte unmöglich. Deshalb benötigt man immer wieder die Hilfe weltweit arbeitender Analysten, die sich auf ganz bestimmte Länder spezialisiert haben. Und selbst die kennen oft nicht alle einzelnen Aktien des Landes, das sie vertreten.

Wall Street/New York

Das ist die wichtigste Börse der Welt. Selbst wer dort überhaupt nicht investiert, kommt nicht am Dow-Jones-Index vorbei. Seine Popularität ist ungeheuer. Da kann auch der weit umfassendere (500 Titel) Standard & Poors-Index nicht mithalten. Es sind die dreißig Dow-Jones-Werte, die der Börsenwelt entsprechende Impulse verleihen.

Praxis-Tip:

Beobachten Sie in jedem Fall sorgfältig die Entwicklung des Dow-Jones-Index. Achten Sie auf den langfristigen Trend und verfolgen Sie die mittel- und kurzfristigen Trendformationen.

Glücklicherweise dauert die Hausse-Phase länger als die Baisse. Denn wenn an der New York Stock-Exchange die Lichter ausgehen, d.h. eine furchtbare Baisse wütet, dann ist weltweit Panik angesagt. Selbst die härtesten amerikanischen Börsenhändler sind dann gar nicht mehr gut zu sprechen. Ein wichtiger Indikator, der eine Baisse schon im voraus signalisieren kann, ist das Gewinner-Verlierer-Verhältnis. Signalisiert es über einen Zeitraum von drei bis sechs Monaten hinweg ständig mehr Verlierer als Gewinner, kann es dramatisch werden. Es gibt Börsianer, die bereits nach zwei bis drei Wochen einer solchen Entwicklung nervös werden und alle Bestände glattstellen.

Wichtig:

Suchen Sie sich zur Spezialbeobachtung gesonderte drei bis fünf Dow-Jones-Titel aus, so daß Sie nicht nur am Index kleben bleiben. Sie werden mit diesen drei bis fünf Aktien (drei Wachstumsaktien vom Format einer Coca Cola oder Gillette und zwei zyklische Aktien) auf Dauer sehr viel Freude haben. Denn grundsätzlich ist die US-Börse extrem kursbeweglich. Es kann sein, daß der Index in einer einzigen Börsensitzung ein paar hundert Punkte hinauf und hinunter geht. Was um zehn Uhr düster aussieht, kann um fünfzehn Uhr in strahlendem Glanz erscheinen. Die US-Börse ist zu gut, als daß man nicht dabei sein sollte.

Europäische Börsenplätze

Sie stehen ebenso weltweit im Zentrum der Anleger wie die Aktienbörse in New York. Immer mehr europäisches und internationales Geld fließt in die Aktienmärkte Europas. Frankfurt, London, Paris, Mailand, Madrid, Wien und Amsterdam sind ein Muß für den intelligenten Investor. Die jeweiligen Blue Chips der Länder haben inzwischen in Anlegerkreisen einen legendären Ruf.

Nicht selten marschieren die Aktienindizes unisono, d.h. es gibt einen Gleichklang. Entweder gehen alle nach unten oder alle nach oben. Börsenkünstler sind diejenigen, die herausfinden, welche Aktien sich dem Trend widersetzen werden. Dies ist jedoch auch innerhalb der einzelnen Indizes möglich. Wer sich z.B. die dreißig Aktien des Deutschen Aktienindex (Dax) ansieht, wird die unterschiedlichen Kursformationen schnell registrieren.

> **Praxis-Tip:**
>
> Achten Sie besonders auf die aktuellen Branchenrotationen. Genauso wie eine Börse immer vorne liegt, liegt auch eine Branche immer vorne. Einmal sind es die Bankaktien, dann jene aus der Versicherung, dann kommen Chemie, Maschinenbau, Konsum und Pharma zum Zug. Schließlich wird das Rad wieder neu gedreht, oder es kommt eine neue Branche, z.B. die Elektro- und Versorgungswerke, nach vorne. Führen Sie jeweils gesondert Buch über die wirklich zurückgebliebenen und vernachlässigten Aktien. Wenn sie kerngesund sind, steckt in ihnen das große Potential der Zukunft. Jede Branche wird irgendwann einmal als Kaufkandidat entdeckt. Wenn Sie dem vorgreifen, werden Sie hervorragende Börsenergebnisse erzielen. Ein klassisches Beispiel hierfür bieten übrigens die Versorgungswerke und der ehemals schwerfällige Elektrogigant Siemens.

Dieses Phänomen können Sie an den anderen europäischen Börsenplätzen ebenfalls studieren. Was Siemens in Deutschland ist, ist Alcatel in Frankreich. Was Volkswagen für Deutschland bedeutet, bringt in Italien der große Autokonzern Fiat, der tatsächlich mehr ist als nur ein Autoproduzent – dieser aber macht sein Hauptimage aus.

Wichtig:

Spezialisieren Sie sich auf zwei/drei spezielle Börsenplätze, die Ihnen besonders liegen. Selbstverständlich ist die italienische Börse mit einem anderen Temperament ausgestattet als die Schweizer Börse. Für manche Börsen muß man tatsächlich Spezialist sein, sonst verkennt man die Situation. Hierzu einige Charakteristika:

- In Österreich haben wir es mit einem relativ kleinen und engen Markt zu tun, der aber äußerst interessante Titel bringt. Besorgen Sie sich in jedem Fall den aktuellen Chart des ATX-Index.
- In Amsterdam wiederum ist man besonders amerikafreundlich, d.h. man wiederholt am nächsten Tag das, was die Wall Street am Vorabend vorgelegt hat. Natürlich nicht immer exakt, aber meistens gehen die Kurse in die vorgegebene Richtung.
- Einen Sonderfall bilden die skandinavischen Börsen. Helsinki, Oslo, Stockholm und Kopenhagen sind ausgesprochene Börsenplätze für Spezialisten. Erstklassige Unternehmen wie Nokia, Ericsson, Norsk Hydro und andere bedeutende Aktiengesellschaften haben im hohen Norden ihren Firmensitz. Man ist dort sehr bodenständig, liegt aber ständig auf der Lauer, um irgendwo auf der Welt ein Unternehmen aufzukaufen.

Osteuropa

Die Börsenplätze Osteuropas sind vom Interesse der europäischen und weltweiten Anleger keinesfalls ausgenommen. Der Gigant Rußland verfügt über die größten Energiereserven der Welt. Wer dort investiert, weiß, worauf er sich einläßt. Es handelt sich zweifelsohne um ein hochspekulatives Investment. Für den erfolgreichen Zugriff bieten sich zwei Möglichkeiten an:

- Die strategische Variante: Kaufen Sie fundamental abgesicherte Aktien, die an der deutschen Börse gehandelt werden. Lassen Sie diese Papiere drei, fünf bis zehn Jahre liegen.
- Die taktische Variante: Sie kaufen und verkaufen jeweils auf kurze Frist!

Wer langfristig vorgeht, schont möglicherweise seine Nerven. Mit ziemlicher Sicherheit geht der Langfristinvestor nach ein paar Jahren als großer Gewinner aus dem Markt. Es handelt sich um eine spezielle Anlage, die fast schon etwas einen konservativen Charakterzug bekommen hat. Im Gegensatz zu einem Optionsschein oder zu einer Option handelt es sich um ein strategisches Langfrist-Investment, das durch keinerlei Frist bedroht ist.

Der Kurzfristspekulant hat hervorragende Möglichkeiten, wenn er die enorme Volatilität der russischen Aktienbörsen ausnutzt. Ärgern wird er sich nur, wenn ihm der Kurs nach oben davonläuft und er inzwischen keine Aktie mehr im Depot hat.

Die anderen osteuropäischen Börsen sind ebenfalls interessant und haben jeweils ihren spezifischen Charme. Die wichtigsten Börsenplätze sind Warschau, Prag, Budapest und Bratislava. Es werden in Zukunft mehrere Märkte hinzukommen. Sie sind jedoch erst dann von Interesse, wenn genügend Aktien zur Verfügung stehen.

Asien

Der wichtigste Börsenplatz ist hier natürlich Tokio. Ob die Börse in Japan nach oben oder nach unten geht, stets gibt es hochinteressante Aktien. Sogar bei sinkenden Kursen kann man häufig mit den großen Exportwerten wie Canon, Fujitsu, Hitachi, NEC, Sony u.a. hervorragende Geschäfte machen. Immer wieder gehen von Japan gewaltige Hausse-Bewegungen, aber auch riesige Börsenbeben aus.

> **Praxis-Tip:**
>
> Sie brauchen für Japan einen Spezialisten oder werden selbst einer. Seien Sie besonders vorsichtig, wenn japanische Optionsscheine offeriert werden. Und arbeiten Sie sich in den Markt mit den höchsten Kurs-Gewinn-Verhältnissen der Welt gründlich ein.

Hongkong ist ein Muß für international versierte Börsianer. Nicht nur weil die Hongkonger Börsianer mit zu den leidenschaftlichsten der Welt gehören, sondern weil man dort sehr viel von der Welt des Irrationalen hält. Dies liegt sicher in der Geschichte der Chinesen, speziell der Hongkong-Chinesen begründet. Nicht nur der konfuzianische Glaube, sondern auch das Denken und Fühlen in ganz anderen Bildern spielen eine Rolle.

Beispiel:

So ist folgendes Kuriosum eine verbriefte Tatsache, die Sie bei einem möglichen Besuch in Hongkong selbst überprüfen können. Als Architekten den Bau des Börsengebäudes planten, mußten sie, am Dach oben beginnend bis hinab in den Börsensaal, eine kreisrunde Öffnung frei lassen; man kann also unmittelbar vom Börsensaal aus nach oben in den Himmel sehen. Warum das Ganze? Die Begründung ist einfach: Man schuf Platz für den Drachen, so daß er jederzeit von oben hinabsteigen kann. Nicht nur wegen des Drachen ist die Hongkonger Börse ein Ort ungeheurer Kraft. Wenn die Volksrepublik China sich ausschließlich positiv einmischt, hat sie eine große Zukunft.

Die anderen Börsenplätze Südostasiens, der sogenannten Tigerstaaten, sind höchst differenziert zu betrachten. Das liegt nicht nur an der unterschiedlichen Einwohnerzahl, sondern vor allem am jeweiligen Bruttosozialprodukt, das erwirtschaftet wird. Nimmt man dieses als Maßstab und ermittelt ein Bruttoinlandseinkommen pro Kopf, dann ergibt sich folgende Rangfolge:

- Hongkong
- Singapur
- Taiwan
- Südkorea
- Malaysia
- Thailand
- Indonesien

All die genannten Finanzzentren erfordern jeweils einen eigenen Spezialisten. Jedes Land verfügt über eine Vielzahl von interessanten Aktiengesellschaften, von denen die Mehrzahl einen spekulativen Charakter hat. Die ganz großen Unternehmen der einzelnen Länder werden an der deutschen Börse gehandelt.

Australien

Der Börsenplatz Sydney hat vor allen Dingen für Rohstoffspekulanten einen guten Klang. Viele bedeutende Rohstoffunternehmen sind dort angesiedelt. Das größte Unternehmen des Landes ist Broken Hill. Die Aktien dieser Gesellschaft sind an der deutschen Börse notiert. Wie bei allen Rohstoffgesellschaften handelt es sich um zyklische Aktien.

Interessant sind jedoch auch die anderen Branchen des Landes, z.B. Banken und Versicherungen. Wem die Känguruh-Aktien für sein Portefeuille nicht reichen, der kann ins benachbarte Neuseeland ausweichen. Er bleibt in jedem Fall im Dollar-Raum, denn statt in Australischen Dollar wird dort in Neuseeländischen Dollar abgerechnet. Es ist wichtig, daß man in diesen Börsen die Trends exakt studiert. Zudem sollte man Einzelwerte wie Western Mining täglich beobachten. Sie sind zu spekulativ, als daß man ihren Kurs und Kauf dem Zufall überlassen kann.

Lateinamerika

Mit furiosem Temperament geht es in Mittel- und Südamerika zur Sache. Wirtschaftlich steht den meisten Ländern eine bessere Zukunft bevor. Das haben die Aktienkurse der Vergangenheit bereits ausgedrückt. Hin und wieder kommt es jedoch zu gewaltigen krisenhaften Erschütterungen.

Die Börse Mexikos wird besonders von den US-Amerikanern frequentiert. Einige mexikanische Aktien erzielen inzwischen an der New Yorker Wall Street große Umsätze. Man muß in jedem Fall außer den Aktienkursen auch die Währungskurse beobachten. Einer der Topwerte für internationale Anleger ist der Telekommunikationswert Telefonos de Mexico.

Wichtig:

Von den anderen südamerikanischen Börsenplätzen sind besonders die Länder Brasilien, Argentinien und Chile interessant. Wem der Überblick fehlt und wer nicht mit den Gegebenheiten der Börse vor Ort vertraut ist, sollte sich bei diesen Ländern besser an Fonds halten.

Afrika

Die afrikanischen Börsen sind erst noch im Kommen. Das gilt natürlich nicht für die südafrikanische Börse. Dort haben besonders die Aktien von Goldminen-Gesellschaften eine lange Tradition. In Südafrika haben internationale Unternehmen von hohem Rang ihren Firmensitz. Dazu gehören u.a. Anglo-American-Corporation (AAC) und De Beers. Die Diamanten von De Beers genießen Weltruf. Die Aktienkurse der genannten Unternehmen sind sehr volatil und eignen sich nur für dynamische und hochspekulative Anleger. Dies gilt auch für die meisten anderen Unternehmen des Landes. Politisch hat man zwar einiges nach vorne gebracht, aber viele Probleme sind noch ungelöst. Am besten übernehmen Sie die Strategie und Taktik des Tradings, d.h. Sie kaufen und verkaufen rasch.

Praxis-Tip:

Wie auch immer Sie sich entscheiden, für welches Land Sie eine bestimmte Vorliebe haben, investieren Sie in jedem Fall global und international. Ausnahmen gibt es nur vorübergehend, z.B. wenn an einem Börsenplatz tatsächlich die Dauerhausse ausgebrochen ist. Nur dann sollte man sein ganzes Kapital auf diese Börse konzentrieren. Im anderen Fall gilt: mehrere Branchen, mehrere Länder. Eine Börse liegt immer vorne.

Checkliste: Aktien auswählen

- Ist Ihr Depot international ausgerichtet?
  (Nach dem Grundsatz: mehrere Branchen, mehrere Länder)

- Haben Sie sich für Börsenplätze entschieden, an denen insgesamt ein deutlicher Aufwärtstrend erkennbar ist?
  (Motto: Eine Börse liegt immer vorne.)

- Befinden sich Ihre einzelnen Aktien ebenfalls in einem positiven Trend?
  (Am besten befinden sie sich in der ersten Phase eines längerfristigen Aufwärtstrends.)

- Haben Sie eine Aktie mit Story gekauft?
  (Wird diese auch in nächster Zukunft anhalten?)

- Liegt Ihrem Investment eine der großen Anlageideen zugrunde?
  (Haben Sie auf bedeutende, die Probleme der Zukunft lösende Aktiengesellschaften gesetzt?)

- Haben Sie preiswerte Aktien im Depot?
  (Ist das Kurs-Gewinn-Verhältnis moderat?)

Aktien erfolgreich verkaufen

4

**Beobachten Sie immer
den Kursverlauf Ihrer Aktien!** 98

Beim ersten Fehler verkaufen 99

**Verluste begrenzen,
Gewinne laufen lassen** 101

Überempfohlene Aktien verkaufen 104

**Bei Übernahme-Angeboten
verkaufen** 107

**Bei Herabstufungen und
Gewinnwarnungen verkaufen** 108

**Verkaufen, wenn man
genug verdient hat?** 110

Der Trend ist Ihr Freund! 111

Checkliste: Aktien verkaufen 115

*Je geschäftiger wir sind,
desto mehr fühlen wir,
daß wir leben, um so mehr
wird uns das Leben bewußt*

Immanuel Kant

Beobachten Sie immer den Kursverlauf Ihrer Aktien!

Im Falle langfristig sich gut entwickelnder Qualitätsaktien heißt es an der Börse gelegentlich: Diese Aktie verkauft man nicht, man vererbt sie. Das ist in jedem Fall gut für die Erben. Diese Meinung will natürlich besagen, daß es so gute Papiere gibt, bei denen man ans Verkaufen überhaupt nicht denken muß. Und in der Tat, wenn man sich den Kursverlauf von hervorragenden interessanten Blue Chips anschaut, kann man dem zustimmen.

Aber auch wer Super-Blue-Chips im Depot hat, sollte diese nicht einfach unbeobachtet liegenlassen. In den besten Unternehmen agieren die besten Manager und kreieren die besten Produkte. Das muß aber nicht immer so bleiben. Irgendwann kommt es zu Fehlentscheidungen, oder die Konkurrenz legt ein noch besseres Produkt vor. Wir haben im 20. Jahrhundert den Zusammenbruch großer Traditionsunternehmen erlebt, einige davon waren unnötig. Wir werden im 21. Jahrhundert wiederum Zusammenbrüche großer Konzerne erleben. Hinterher wird man sagen, wie konnte das möglich sein? Solche Prozesse ereignen sich nicht über Nacht, sondern zeichnen sich von langer Hand ab. Der Marktmechanismus der Börse ist äußerst sensibel und signalisiert uns bereits im voraus, wo und wann sich problematische Entwicklungen – bis hin zum Unternehmenszusammenbruch – ergeben können. Achten Sie dabei auf:

- die Umsatzzahlen der gehandelten Aktien: Sehr hohe Umsätze sind grundsätzlich entweder ein positives oder ein negatives Zeichen.

- aktuellste Berichte aus dem Unternehmen und über das Unternehmen: Dies können z.B. massive Gewinnwarnungen sein.

- den lang-, mittel- und kurzfristigen Kursverlauf der Aktie: Oft genügt ein Blick, und man erkennt die Situation sofort.

- die Lage in den Konkurrenzunternehmen: Dann wissen Sie, ob es sich um ein singuläres oder um ein generelles Problem der Branche handelt.

- frühere Krisenbewältigungen des Unternehmens: Wie und wann hat das Unternehmen Krisen in vergangener Zeit überwunden?

Mit dieser fünffachen Kombination kann eigentlich beim Verkauf nicht viel schiefgehen. Sie behalten Ihre Aktien im Depot, wenn Sie eine positive Antwort geben können. Im anderen Fall verkaufen Sie sofort. Es wäre sinnlos, länger zu warten und sich mit irgendwelchen Sprüchen zu trösten.

Beim ersten Fehler verkaufen

In Wirklichkeit gibt es an der Börse zwei Möglichkeiten. Entweder man kauft oder man verkauft. Die Aktien, die man im Depot behält, sind ausschließlich Papiere, die man sofort wieder kaufen würde, d.h. man hat lauter Kaufkandidaten im Depot. Von Aktien, die man nicht mehr kaufen würde, muß man sich sofort verabschieden.

Darin liegt eine der Hauptaufgaben Ihres zukünftigen Depotmanagements. Sie überprüfen so oft wie möglich jede einzelne Aktie daraufhin, ob man sie kaufen oder verkaufen soll. Auf diese Art und Weise schleppen Sie keine schwachen Aktien auf

Dauer mit sich herum. Es ist ja nicht nur das Minus, das einen ärgert. Alleine der Anblick bestimmter Titel bringt einen schon unnötig in Mißstimmung.

Wenn Sie bei Durchsicht Ihres Depots auf eine Aktie stoßen, die Sie als absoluten Fehlkauf beurteilen, handeln Sie sofort entsprechend. Wer einen Fehler schnell gutmacht, macht ihn doppelt gut. Diese Weisheit gilt nicht nur für das Leben, sondern auch an der Börse. Jeder Börsianer macht früher oder später Fehler. Entscheidend ist, wie schnell man sie korrigiert. Hier zeigt sich der Könner. Echte Aktionäre und Spekulanten reagieren sehr rasch. Und sie haben den Mut, sich selbst einen Fehler einzugestehen. Sie haben Mut zum Verkauf mit Verlusten. Bei hochspekulativen Aktien ist dieser Mut Teil des Überlebenskampfes an der Börse.

Fehlentscheidungen können mehrere Ursachen haben. Möglicherweise haben Sie irgendwo einen Tip aufgeschnappt und einfach übernommen. Schon zwei Tage später hätten Sie die Aktie nicht mehr gekauft, weil sie gründlicher darüber nachgedacht haben. Es ist nun wichtig, seine Gedanken schnellstmöglich in die Tat umzusetzen. Auch können über Nacht Unternehmensnachrichten eintreten, die Ihnen ein neues und negatives Bild vermitteln. Auch dann sollte man das Papier abgeben. Die gesamte Situation der Branche kann sich ändern oder die Börse geht generell auf Talfahrt.

Kurzum, es gibt so viele Möglichkeiten, die zu einer völligen Neueinschätzung führen können. Wichtig ist, daß man so schnell wie möglich handelt und die Aktie aus dem Depot entfernt.

Chart 12: Beim ersten Fehler verkaufen

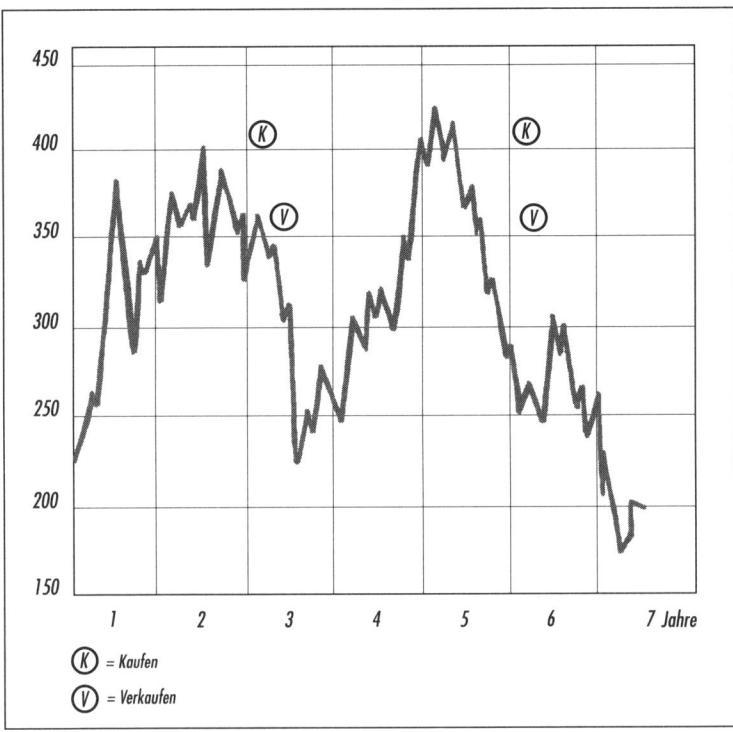

Wer bei 400 kaufte und sein Fehlinvestment nach 10 % Verlust korrigierte, handelte jedesmal richtig. Zyklische Aktien bieten immer wieder neue, günstige Einstiegsmöglichkeiten.

Verluste begrenzen, Gewinne laufen lassen

Das ist eine der einfachsten, wichtigsten und gewinnbringendsten Börsenregeln überhaupt. Sie wird erfahrungsgemäß in der Praxis zu wenig beachtet. Die Frage lautet: Gilt das für alle Aktien? Und bei welcher Marke soll man den Verlust begrenzen?

Sie können für sich selbst ein grundsätzliches Börsendogma aufstellen: „Hat eine Aktie zehn Prozent Verlust erreicht, dann verkaufe ich sie!" Das ist zwar keine schöne Erfahrung. Immerhin verliert man 10 %. Und noch ein paar Spesen obendrein. Doch man hat mit Sicherheit 90 % seines eingesetzten Kapitals gerettet. Im Fall einer größeren und länger anhaltenden Baisse ist das ein wundervoller Ausgangspunkt. Vor allem kann man später zu Tiefstkursen erneut einsteigen.

Achtung:

Daß man diese Regel generell überall durchführen sollte, ist umstritten, zumindest, was den Verlust angeht, denn Gewinne laufen lassen ist natürlich eine gute Sache. Gerät man z.B. während einer Aufwärtsbewegung zwischendurch mit einer sehr guten Aktie in die Verlustzone, dann muß man nicht unbedingt mit 10 % Verlust verkaufen. Eine Qualitätsaktie wird das Minus relativ schnell wieder aufholen. Überhaupt kann man den ganzen Bereich der konservativen Aktien, der klassischen Wachstumsaktien von der Verlustregel ausschließen.

Bei zyklischen Aktien und besonders bei hochspekulativen Aktien erhält sie jedoch entscheidende Bedeutung. Wer sie dort nicht anwendet, wird früher oder später zumindest mit ein paar Titeln sogar Totalverlust erleiden: Falls Sie alle drei Aktientypen in Ihrem Depot haben, also konservative, dynamische und hochspekulative, so sollten Sie diese extra kennzeichnen und die letzten beiden Gruppen jeden Tag überprüfen. Bei Optionsscheinen und Optionen ist das sowieso ein Muß. Auch hier gilt die 10-%-Verlustregel unumschränkt. Die Ausnahme kann immer nur in einer ganz besonders begründeten Situation liegen. Diese Situation sollten Sie am besten kurz schriftlich darlegen. Es genügt dafür eine kurze Notiz auf dem Kurszettel, den Sie Ihren Unterlagen beifügen. Andere Börsianer waren schon sehr erfolgreich mit einem Börsentagebuch (siehe Seite 49), in dem sie ihre wichtigsten Entscheidungen festhielten. Das grundlegende Problem dabei ist: Jede Börsensituation ist anders.

Chart 13: Verluste begrenzen

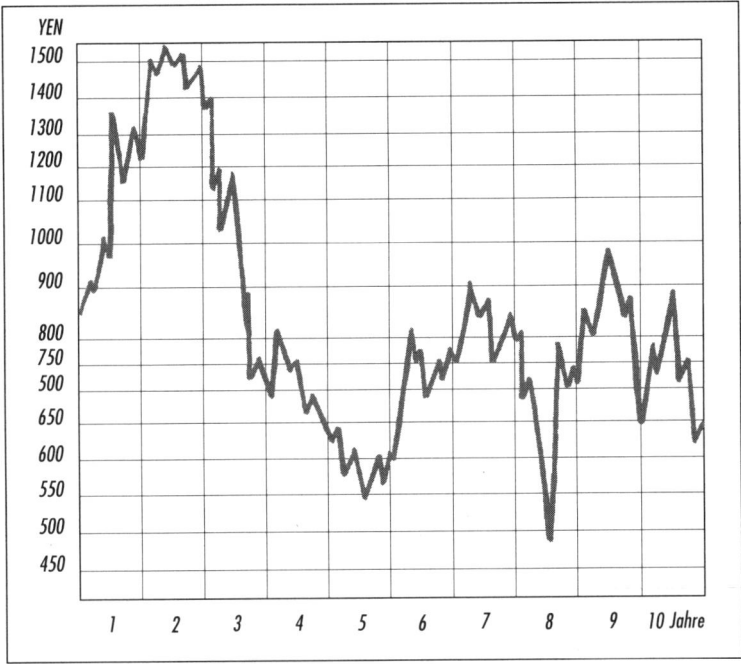

Verkaufen Sie zyklische und hochspekulative Aktien nach 10 % Verlust. Dramatische Abwärtsentwicklungen bleiben Ihnen erspart. Der Kauf im zweiten Jahr (1400-1500) war spätestens bei 1300 zu korrigieren. In der Regel verkauft die Masse entmutigt um den Tiefpunkt herum.

Chart 14: Gewinne laufen lassen

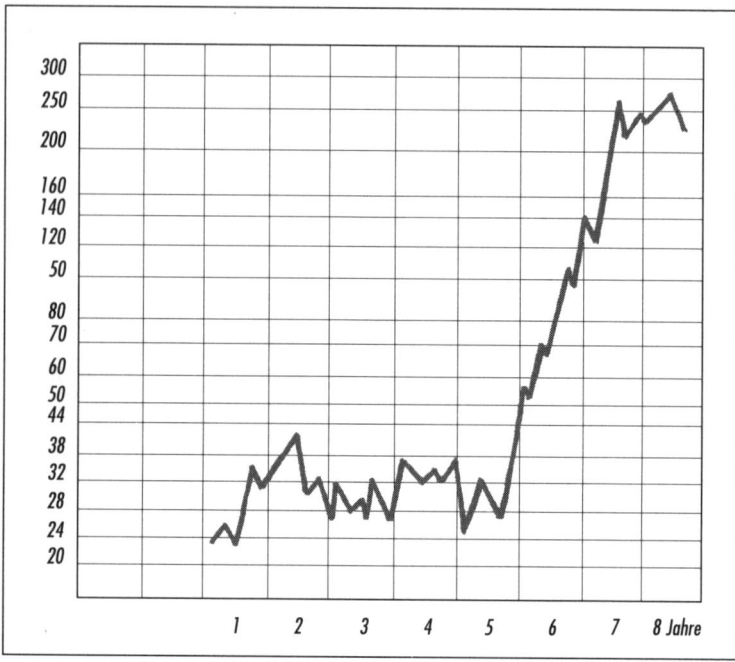

Wer bei dieser Neuemission von Anfang an dabei war, geriet nie in die Verlustzone. Also griff die Zehn-Prozent-Regel nicht. Man konnte sich voll auf die Gewinne konzentrieren, auch wenn die ersten fünf Jahre hart waren. In diesem Fall reicht der Chart alleine nicht aus. Man braucht Unternehmensergebnisse. Nur unterstützt von klaren Fakten hält man eine fünfjährige Durststrecke durch. Überprüfen Sie Ihre Aktien auf solche fundamentale Gegebenheiten.

Überempfohlene Aktien verkaufen

Die Empfehlungen zum Kauf von Aktien nehmen in einem kaum mehr überschaubaren Maße zu. Das hat den Vorteil einer äußerst breit gefächerten Information. Man kann noch einen weiteren großen Vorteil herausarbeiten, indem man die Empfehlungen laufend verfolgt und überprüft. Dazu sollte man sie einordnen und häufige Nennungen bestimmter Aktien besonders auflisten. Sie werden dann feststellen, daß die Aktie X oder Y dauernd, d.h. über einen längeren Zeitraum hinweg, empfohlen wird. Gleichzeitig beobachten Sie den Aktienkurs. Wenn Sie feststellen, daß es diese Dauerempfehlung auf einen nur marginalen Gewinn bringt, dann beobachten Sie das Papier in jedem Fall weiter, kaufen es aber auf keinen Fall. Sollte es sich in Ihrem Depot befinden, stellen Sie es auf Verkauf!

Überempfohlene Aktien können ab einem gewissen Punkt überhaupt nicht mehr steigen. Die meisten Börsianer sind schon bis zur Halskrause vollgestopft mit solchen Papieren. Die Nachfrage versiegt irgendwann, also kann die Aktie eigentlich nur noch sinken.

Praxis-Tip:
Dennoch haben diese Papiere für den Anleger einen Vorzug. In der Regel handelt es sich um breite Publikumsaktien, d.h. sie werden mit hohen Umsätzen gehandelt. Wenn sie an Wert verlieren, dann ist das selten hochdramatisch. Meistens gehen solche Aktien 10 bis 20 % im Kurswert zurück. Interessanterweise ignorieren die Börsendienste dann meistens das zurückgefallene Papier, das sie vor kurzem noch so hochgelobt haben. In dieser Phase des Ignorierens sollten Sie neue Bestände wieder aufstocken.

Das ist ein kurzfristiges, konservatives Tradingspiel, das über Jahre hinweg hohe Gewinne bringt. Der Vorteil dabei liegt in dem vergleichsweise geringen Risiko. Steigen Sie einmal zu früh ein, verlieren Sie maximal theoretische 5 bis 10 %. Anschließend kommt es immer wieder erneut zu Kaufempfehlungen bis hin zur Überempfehlung. Dann ist wieder die Zeit des Verkaufs gekommen.

Achtung:

Extrem vorsichtig sein muß man bei Überempfehlungen im hochspekulativen Bereich. Von vielen Börsendiensten werden die echten Renner erst dann empfohlen, wenn sie während einer Hausse höchste Höhen erreicht haben. Wenn in einem solchen Stadium eine Empfehlung die andere jagt, dann muß man sich dringend vom Markt zurückziehen, also alle Papiere verkaufen.

Chart 15: Überempfohlene Aktie

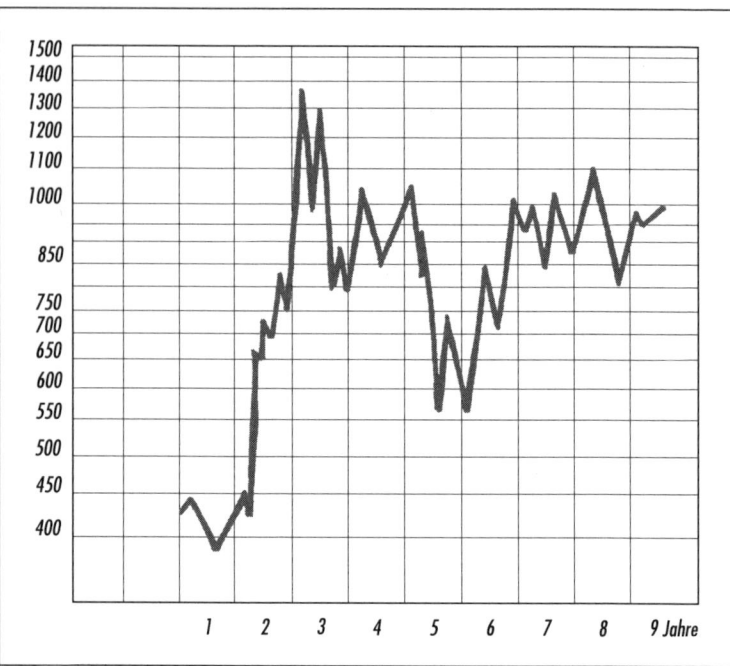

Meistens handelt es sich bei überempfohlenen Aktien um begründete Kauf-Tips. Aber dennoch muß der Kursanstieg ein Ende finden.

Die Überempfehlungen kamen im dritten Jahr, begleitet von hohen Umsätzen. Wenn Sie dem Chart den Gipfel des dritten Jahres abschneiden, erkennen Sie ein grundsätzlich gutes Anlagepapier mit einem stark ausgeprägten Aufwärtstrend. Wer verkaufte, als ein Kauf-Tip dem nächsten folgte, machte das große Geschäft.

Bei Übernahme-Angeboten verkaufen

Der immer stärker werdende Konkurrenzkampf zwingt viele Unternehmen dazu, sich nach passenden Partnern umzusehen. In der Regel sucht man die Zusammenarbeit mit Firmen aus der gleichen Branche. Zumindest sollte die Produktpalette des Kandidaten zum eigenen Haus passen.

Wie die Geschichte der Übernahme von Unternehmen aber zeigt, muß das nicht immer so sein. So sind z.B. Mischkonzerne von vorne herein so angelegt, daß verschiedenste Sparten in ein Haus integriert werden. Dadurch wird man von einzelnen Branchenkonjunkturzyklen unabhängiger. Das ist der Hauptgrund, weshalb immer mehr Mischkonzerne entstehen. Ein gutes Management wird dabei auf Selbständigkeit der neuen Unternehmen Wert legen.

Vielfach wird in den Wirtschaftsmedien von freundlicher und feindlicher Übernahme gesprochen. Den Aktionären, die schließlich Geld verdienen wollen, ist das mehr oder weniger egal. Für sie ist der Profit entscheidend. Über den Stil muß der Clan der Bosse entscheiden. Guter Stil ist es, seine Absichten dem zu übernehmenden Unternehmen mitzuteilen und danach in entsprechende Verhandlungen zu treten. Schlechter Stil ist es, die Aktien des Kandidaten an der Börse aufzukaufen (das kann auch undercover geschehen) und mit dem gesamten Aktienpaket erst dann hervorzutreten, wenn der Markt leergefegt ist. Dann schlägt die Stunde der Kartellbehörden, die den Zusammenschluß kritisch überprüfen. Zuvor schlägt jedoch die Stunde der Spekulanten, die während der Aufkaufphase an immer höheren Börsenkursen viel Geld verdienten.

Während dieser Phase, deren wahre Hintergründe immer erst später ans Tageslicht treten, müssen Sie zunächst entscheiden, ob Sie Ihre Aktien verkaufen oder nicht. Handelt es sich um ein sehr gutes Unternehmen, das auch ohne Übernahmephantasie attraktiv ist, so sollten Sie lieber nicht verkaufen. Im Anschluß an die Aufkaufphase erfolgt das konkrete Übernahmeangebot. Meistens ist es höher, als es der aktuellen Börsenkurs ausdrückt. Dann sind Sie vor die Entscheidung gestellt, ob Sie als Aktionär das Übernahme-Angebot annehmen.

Auswahlkriterien	
• Zeit:	Wie lange läuft das Übernahmeangebot? Halten Sie den Termin exakt fest! Was passiert nach Ablauf der Frist?
• Grund:	Warum wird das Übernahmeangebot unterbreitet?
• Preis:	Ist das Übernahmeangebot für Sie attraktiv?
• Kursverlauf:	Welcher Kursverlauf ist nach dem Ablauf der Frist zu erwarten?
• Annahme oder Ablehnung:	Was ist zu tun, wenn man das Übernahmeangebot annimmt? Klären Sie die einzelnen Schritte am besten mit Ihrer Bank. Wenn Sie das Angebot nicht annehmen, verbleiben Ihre Aktien im Depot und sind der kommenden Kursentwicklung unterworfen.

Bei Herabstufungen und Gewinnwarnungen verkaufen

Beides kommt, besonders an der Wall Street, häufig vor. So werden z.B. Bank-Aktien wegen notleidenden Krediten herabgestuft. Dies besorgen die Rating-Agenturen. Aber auch deren Kriterien sind nicht absolut gültig. Man weiß dies aus vergangenen Fällen, als z.B. Krisenherde nicht rechtzeitig erkannt wurden.

Dennoch sollten die Börsianer auf der Hut sein, da in den meisten Fällen die Kurse abbröckeln. Genauso verhält es sich mit Gewinnwarnungen, die aus dem Unternehmen selbst stammen. Die vierteljährliche Bekanntgabe der Ergebnisse sorgt für Transparenz. In den USA ist sie üblich.

Verkaufen sollte man seine Aktien

- entweder sofort bei Bekanntgabe von Herabstufungen oder Gewinnwarnungen oder
- vorerst überhaupt nicht.

„Sofort verkaufen" gilt vor allem für zyklische und hochspekulative Aktien. Sie können extrem stark kursgefährdet sein. Prüfen Sie sehr genau, ob es sich um eine spezifische Unternehmenskrise handelt oder ob die gesamte Branche betroffen ist.

Trotz dieser Meldungen nicht verkaufen sollten Aktionäre von konservativ eingeschätzten Wachstumsaktien. Die Phase eines zu erwartenden Kursverlustes kann zum Aufstocken genutzt werden. So lange der Aufwärtstrend intakt ist, gibt man die Papiere nicht aus der Hand. Nachfolgender Chart einer Wachstumsaktie beweist das eindrucksvoll.

Chart 16: Entwicklung einer Wachstumsaktie

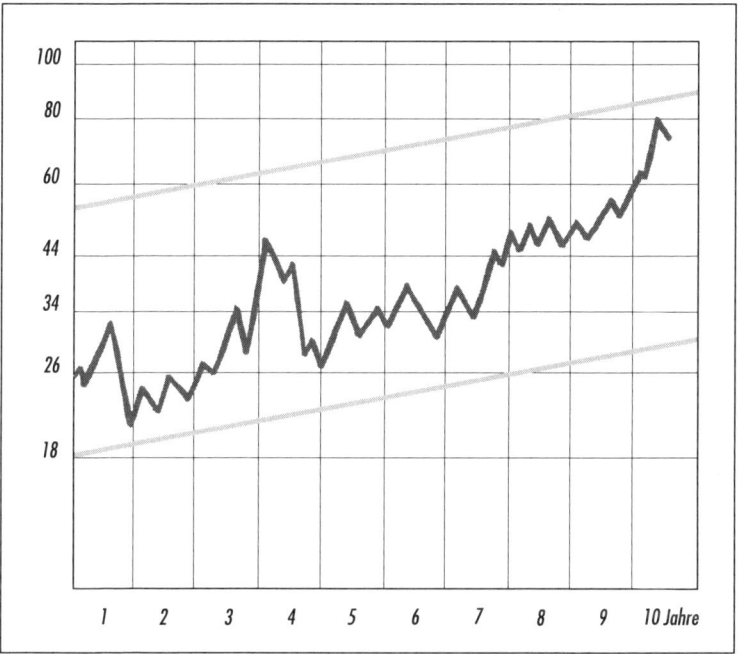

Wachstumsaktien trotz Gewinnwarnungen und Herabstufungen im Depot behalten. Nachkaufen lohnt auf lange Sicht, wenn der Aufwärtstrend-Kanal nicht verlassen wird.

Verkaufen, wenn man genug verdient hat?

Wenn strenge Zahlen-Fetischisten und Buchhalter-Typen so handeln, kann man das gerade noch als Strategie und Taktik durchgehen lassen. Sie arbeiten möglicherweise mit der 20 %- oder 30 %-Gewinn-Regel und haben ein automatisches Stop-Loss-Limit (zu diesem Kurs wird die Aktie sofort verkauft) nach oben eingegeben.

Echte Spekulanten und Börsenkönner arbeiten nicht nach dieser Methode, da mit ihr niemals der ganz große Gewinn zu machen ist. Sie erachten solch geplantes Handeln als typische Bescheidenheitsfalle. Entgangene Gewinne riesigen Ausmaßes können die Folge sein.

Chart 17: Hochspekulative Aktien mit einer ausgeprägten Trend-Umkehr-Formation

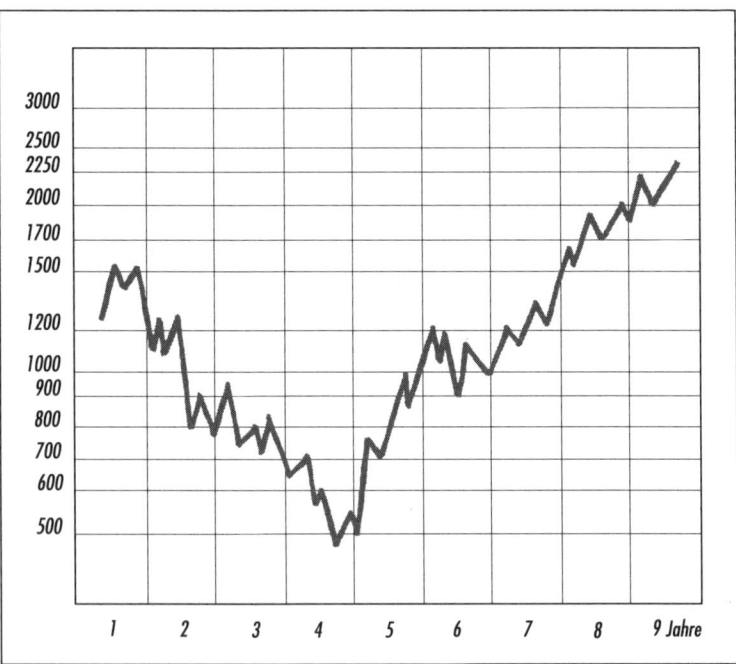

Kaufen bei 500 und verkaufen bei 650. Das ist die Bescheidenheitsfalle. Die Aktie kletterte bis auf 3000; Motto: Das wäre Ihr Gewinn gewesen!

Der Trend ist Ihr Freund!

Gemeint ist damit hauptsächlich der Langfrist-Trend. Arbeiten Sie vor allem mit ihm, und verwenden Sie tagesaktuelle Kurzfrist-Charts ausschließlich für Trading-Operationen. Wer am Montag kaufen und am Donnerstag verkaufen will, benötigt keinen langfristigen Kursverlauf. Für diese Taktik hat man den kurzfristigen Verlauf im Kopf. Den entscheidenden Rest bestimmen aktuelle Faktoren aus dem Unternehmen sowie aus Wirtschaft, Finanzen und Politik.

Grundsätzlich wählen Sie zwischen drei verschiedenen Aktien-Typen:

- konservative Aktien
- dynamisch-zyklische Aktien
- hochspekulative Aktien

> **Praxis-Tip:**
>
> Entscheidend für die Auswahl ist die persönliche Eignung. Das komplizierte System der Persönlichkeit muß zum komplizierten System der Aktie passen. Sie entscheiden sich für jene Aktiengruppe, bei der Sie sich am wohlsten fühlen. Dort winken die höchsten Gewinne.
>
> Objektiv betrachtet sind alle drei Gruppen gleichwertig. Keine ist besser oder schlechter. Aus subjektiver Sicht sieht die Angelegenheit anders aus. Gut begründet werden sich die meisten Börsianer für konservative Aktien entscheiden. Die Orientierung am Langfrist-Trend ist dabei eine vergleichsweise einfache Sache. Was die Anlage-Strategie problematisch macht, sind kurzfristige Baissen und Durchhänge-Phasen, in denen fast nichts mehr geschieht. Das gilt jedoch nur im Falle dynamischer und hochspekulativer Aktien. Konservative Titel kauft man während solchen Phasen einfach hinzu.

Chart 18: Der Langfrist-Trend einer konservativen Aktie

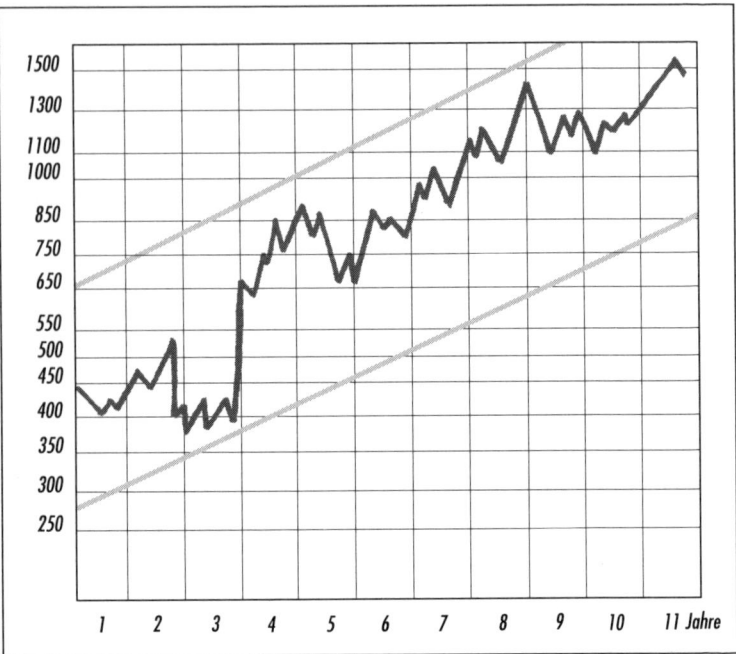

Der langfristig verlaufende Aufwärtstrend-Kanal rät zum Kaufen und Festhalten der Aktie. Einen Verkaufsgrund gibt es nur bei dramatischen unternehmensinternen und -externen Ereignissen. „The trend is your friend" – die Amerikaner haben recht.

Chart 19: Der Langfrist-Trend einer dynamisch-zyklischen Aktie

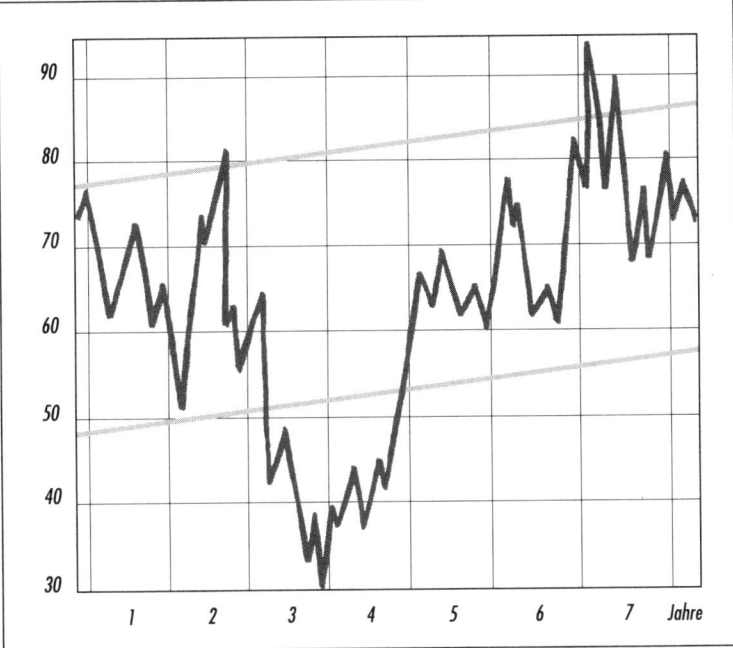

Trotz Turn-Around-Situation kann man auch bei zyklischen Aktien einen Trendkanal bestimmen. Ausrutscher nach oben oder unten sind durch Ausnahmesituationen begründet. Sie bilden das Signal für Kauf und Verkauf. Auch wer diese Punkte nicht genau trifft, verdient durch häufiges Kaufen und Verkaufen sehr gut.

Chart 20: Der Langfrist-Trend einer hochspekulativen Aktie

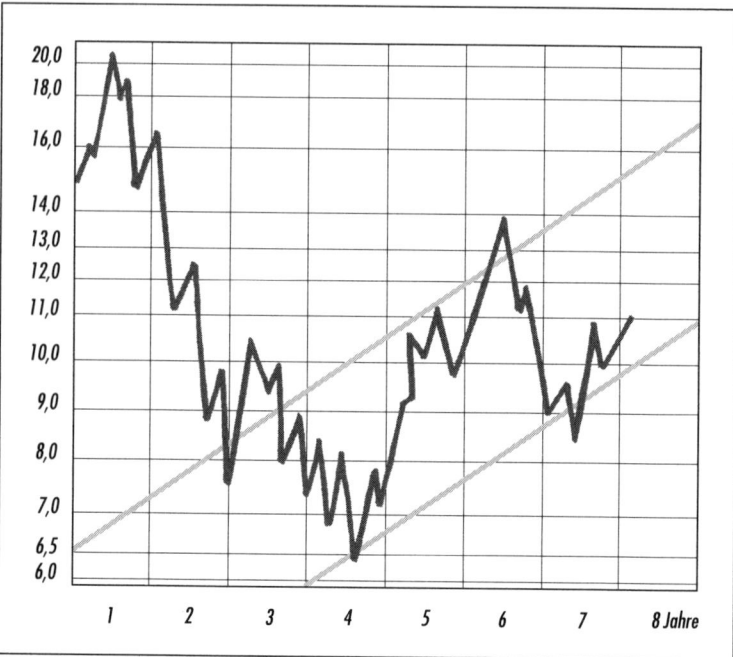

Erst im dritten Jahr wird ein erstes Kaufsignal gegeben, das allerdings zu früh war. Am schwierigsten ist der Verkauf. Meistens ist der Zeitpunkt richtig, wenn gerade hervorragende Nachrichten aus dem Unternehmen kommen (vgl. sechstes Jahr). Ansonsten gilt: Verluste begrenzen, Gewinne weiter laufen lassen!

Checkliste: Aktien verkaufen

- Alle Aktien auf Kaufen oder Verkaufen überprüfen. Ich halte nur Aktien im Depot, die ich sofort wieder kaufen würde!
- Ist ein erster Fehler erkennbar? Verkauf prüfen!
- Halte ich mich an die Regel „Verluste begrenzen, Gewinne laufen lassen"?
- Liegt die Gefahr einer Überempfehlung vor?
- Sind Gewinneinbrüche voraussehbar?
- Liegen meine Aktien in einem stabilen Aufwärtstrend?
- Soll ich mit Limit verkaufen?
- Falls mein Depot zu breit gestreut ist, stelle ich einige Aktien zum Verkauf?
- Konservative Wachstumsaktien verkauft man nur in Ausnahmesituationen.
- Nur wer tatsächlich verkauft, hat echten Gewinn.
- Verkaufen muß man lernen. Trainieren Sie das Verkaufen, indem Sie besonders am Anfang Ihrer Börsenkarriere öfters verkaufen.

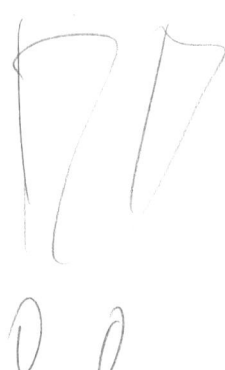

Höchstgewinne mit neuen Aktien

5

Warum gehen Unternehmen an die Börse? 118

Neue Aktien und Neuer Markt 118

Erfolgsregeln für neue Aktien 120

Warum gehen Unternehmen an die Börse?

Die Auswahl der Neuemissionen steigt ständig. Hunderte neue Aktien pro Jahr und mehr werden in Zukunft keine Seltenheit sein. Viele Unternehmen entscheiden sich für den Schritt an die Börse. Sie wandeln ihre Unternehmensform um in eine Aktiengesellschaft (AG).

Der große Vorteil dabei ist die rasche Kapitalbeschaffung, was weiteres Wachstum ermöglicht. Es kommt hinzu, daß die Abhängigkeit von den Banken geringer wird. Statt Fremdkapital aufzunehmen, das Zinsen kostet, stockt man mit Hilfe der Aktionäre das Eigenkapital auf. Allerdings bringt das einige zusätzliche Verpflichtungen und Publikationszwänge mit sich.

Die Aktionäre wollen Geld sehen. Am liebsten hohe Kursgewinne. Sie haben aber auch gegen ordentliche Dividenden nichts einzuwenden. Zudem erwarten sie vierteljährlich einen aussagefähigen Geschäftsbericht, der über erfolgreiche unternehmerische Aktivitäten informiert. Hinweise auf Strategie und Produktinnovationen sind dabei besonders gefragt.

Es gibt mehrere Markt-Segmente für den Aktienhandel:

- amtlicher Handel
- geregelter Markt
- Freiverkehr
- Neuer Markt

Neue Aktien und Neuer Markt

Die meisten neuen Aktien werden am Neuen Markt gehandelt. Dabei handelt es sich im wesentlichen um junge AG's, die auf starkem Wachstumskurs sind. Einige Firmen wachsen extrem, was die erstaunlichen Kursexplosionen erklärt.

Ihre Chancen

Die meisten neuen Aktien brachten den Anlegern Kursgewinne. Sie waren zum Teil so hoch, daß sich viele Aktionäre über die geringe Anzahl der zugeteilten Papiere ärgerten. 200 % Prozent Gewinn sind eine tolle Sache. Noch dazu in kürzester Zeit. Doch wenn das so ist, will man möglichst hoch investiert sein.

Vermutlich werden die meisten Neuemissionen auch in Zukunft erfolgreich sein. In der Regel gehen nur solche Unternehmen an die Börse, die sehr gut darauf vorbereitet sind. Sie präsentieren Zahlen, die jedes Börsianerherz höher schlagen lassen. Gleichzeitig verweisen sie auf die starke Zukunft ihrer Produkte. Zweifellos entstehen jährlich neue Wachstumswerte von Rang. Diese aufzuspüren, das ist die große Chance für dynamische Aktionäre.

Ihre Risiken

Das Abenteuer beginnt, sobald Sie die erste neue Aktie im Depot haben. Obwohl jeder Wertpapierkauf eine Fahrt ins Ungewisse darstellt, handelt es sich bei echten Neuemissionen doch um eine andere Sache. Es fängt schon damit an, daß man keinen Chart interpretieren kann. Denn es gibt keinen! Sie haben das Papier auf gut Glück in der Stunde Null erworben.

Die Hoffnung aller Aktionäre beruht darauf, daß sie irgendwann einmal jemanden finden, der bereit ist, einen höheren Preis für Ihre Aktien zu bezahlen als sie selbst bezahlt haben.

Praxis-Tip:
Prüfen Sie bei Neuemissionen, ob ein zu hoher Anfangskurs vorliegt. Daran haben das Unternehmen und die beteiligten (mitverdienenden) Banken ein Interesse. Die Ausgabe neuer Aktien ist nicht mit einer allgemeinen Volksbeglückungsaktion zu verwechseln.

Achtung:
Schauen Sie sich das Management der neuen AG's an. Gelegentlich sind die Leute zu jung und können vielleicht gerademal das Wort „Internet" buchstabieren. Erfahrung kann man nicht immer durch Dynamik ersetzen. Es herrscht ein äußerst harter Konkurrenzkampf, den einige der neu gegründeten Aktiengesellschaften nicht überleben werden. Darin liegt das größte Risiko.

Erfolgsregeln für neue Aktien

Kaufen Sie jede Neuemission

Die meisten neuen Aktien entwickeln sich zumindest in der Anfangsphase positiv. Kurzfrist-Aktionäre, die gerne Zeichnungsgewinne mitnehmen, liegen hier richtig. Laufen 80 % erfolgreich und schließen 20 % mit Verlust ab, so hat sich die Methode bewährt.

Achtung:

An alle Aktien kommt man nicht 'ran, da man nicht bei allen konsortialführenden Banken ein Konto/Depot hat. Zudem reicht das Geld nicht für sämtliche Neuemissionen.

Sortieren Sie die Nieten aus

Sie steigern Ihre Erfolgsquote erheblich, wenn Sie die neu angebotenen Titel im Voraus kritisch prüfen. Hierbei helfen Ihnen die Medien inklusive aktuelle Börsendienste. Zwar können diese nicht immer Recht haben, aber sie vermitteln Ihnen eine erste Sichtweise, die Ihre Entscheidung erleichtert.

> **Praxis-Tip:**
>
> Neue Aktien, die niemand haben will, können nicht erfolgreich starten. Bereits im Vorfeld des Börsengangs wird die Spreu vom Weizen getrennt. Rufen Sie Ihren Bankberater an und fragen Sie, wie der Start der Neuemission läuft.

Nehmen Sie Anfangsgewinne mit

Was sind Anfangsgewinne? Profite, die unmittelbar mit der Euphorie des Börsenstarts zu tun haben. Sind sie nicht fundamental begründet, brechen die überhöhten Kurse in jedem Fall wieder ein.

Chart 21: Steiler Anstieg – steiler Abstieg

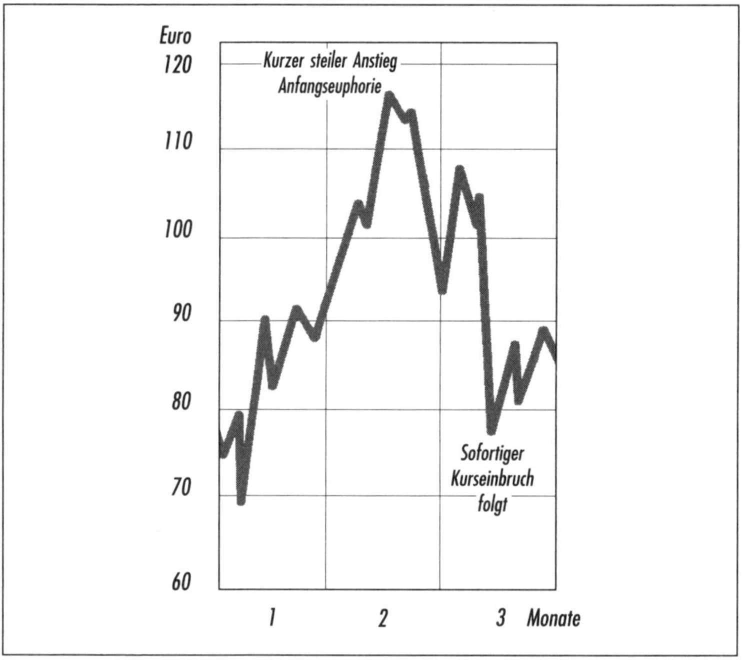

Bei fundamental-ökonomisch schwachen Aktien sollte man die schnellen Kursgewinne sofort mitnehmen. Das gilt ebenso für die Werte solcher Branchen, in denen die Konkurrenz äußerst scharf ist.

Wer den sofortigen Gewinn will, sollte wenigstens bis zum dritten Börsentag mit dem Verkauf warten. Am ersten Handelstag verkaufen nur die Angsthasen, Börsensäuglinge und Zocker.

Gewinne laufen lassen

Diese Regel gilt für den Teil der Aktien, die über alle Voraussetzungen eines zukünftigen Highflyers verfügen:

- ausreichende ökonomische Grundlage
- starke Partner (finden Sie heraus, wer die Aktienmehrheit hält)

- erstklassige Produkte/Dienstleistungen (typische Wachstumsbranche)
- erstklassiges Management

Werte, die außerordentlich starkes Wachstum versprechen, sollte man trotz hoher Anfangsgewinne nicht abgeben. Nur dann kommt man in den Genuß von Höchstgewinnen. Schon viele Kurzfrist-Gewinnjäger strichen 50 % bis 100 % Gewinn ein. Aber zwei Jahre später ärgerten sie sich, weil das Papier dann mit 800 % im Plus stand.

Verluste begrenzen

Natürlich wäre es am besten, erst gar keine Verluste zu machen, aber niemand kann in der Börsenpraxis Verluste ganz ausschließen. Deshalb ist es gut, wenn man über eine Strategie und Taktik verfügt, die Verluste begrenzt.

Wie eng die Grenzen gezogen werden sollen, das bestimmt jeder Anleger für sich selbst nach seinem individuellen Maßstab. Bei sehr spekulativen Neuemissionen setzen Profis häufig eine Zehn-Prozent-Verlustgrenze. Hat das Papier die Anfangserwartungen nicht erfüllt und 10 % an Wert verloren, so wird es verkauft. Zum Kursverlust kommen die Spesen hinzu, damit ist die Sache erledigt. Schwache Aktien geben bei einem einmal begonnenen Abwärtstrend meistens weiter nach. Der Investor hat aber in jedem Fall knapp 90 % seines Einsatzes auf der sicheren Seite. Für den Fall, daß das Papier nach dem Kurssturz wieder interessant wird, kann man erneut einsteigen. Problematisch wird diese Methode nur dann, wenn sich die Aktie ausgerechnet unmittelbar nach dem zehnprozentigen Verlust sofort erholt. Um dieses Ärgernis zu verhindern, sollten Sie Ihre Ausstiegsmarke flexibel halten. Wählen Sie unter folgenden Modellen:

- Verkauf nach 10 % Verlust (die am häufigsten angewandte Profi-Methode)
- Verkauf nach 15 % Verlust (nur für Mutige geeignet)
- Verkauf nach 20 % Verlust (nur für hartgesottene Spekulanten)

Es gibt ängstliche Anleger, die bereits nach einem fünfprozentigen Verlust verkaufen. Die praktische Erfahrung zeigt jedoch, daß dies zu häufig vorkommt und von einem echten Trend noch nicht gesprochen werden kann.

Trading – oder langfristig behalten

Soll man Aktien generell langfristig halten oder soll man sich nach dem Kauf möglichst schnell von den Papieren trennen und danach wieder neu einsteigen usw.? Die beiden konträren Strategien auf einen Punkt gebracht lauten:

- Buy-and-Hold-Strategie: einmal kaufen und langfristig liegenlassen
- Trading-Strategie: oft kaufen und verkaufen

Welche Vor- und Nachteile verbinden sich mit diesen grundverschiedenen Positionen? Sind sie überhaupt bei Neuemissionen anwendbar? Zunächst zu Pro und Contra:

Buy-and-Hold-Strategie	
Pro	**Contra**
• Empirische Untersuchungen beweisen, daß langfristig orientiere Aktionäre hohe Gewinne erzielen.	• Hohe Verluste während Baisse-Phasen, da man nicht verkauft.
• Eignet sich ausschließlich für konservative Wachstumswerte und Blue Chips.	• Methode für moderne Aktienspekulanten (z.B. Neuer Markt) wenig geeignet.
• Äußerst geringe Spesen.	• Die Zielsetzung lautet Gewinne erzielen, nicht Spesen sparen.
• Schont die Nerven, da keine Hektik durch ständiges Agieren.	• Starre Methode.
• Es entstehen steuerfreie Gewinne.	

Trading-Strategie	
Pro	**Contra**
• Börsianer wollen kaufen und verkaufen. Sie sind der eigentliche Motor der Börsenwelt.	• Letzten Endes kommt es nicht auf die Aktivitäten, sondern auf die Gewinne an.
• Die meisten Aktien sind als zyklische Papiere einzuordnen. Nur mit der Trading-Strategie erzielt man auf diesem Sektor Höchstgewinne.	• Die Gewinne sind aber meistens zu versteuern. Außerdem zu hohe Spesen.
• Turn-around-Situationen kann man ausschließlich mit Trading-Strategie ausnutzen.	• Turn-around-Aktien sind häufig äußerst spekulativ.
• Auch für die ganze Bandbreite interessanter hochspekulativer Aktien kommt nur Trading-Strategie in Frage. Höchstgewinne erreicht man am ehesten mit hochspekulativen Papieren.	• Zu riskant.

Der Vergleich zeigt: Beide Strategien sind praktikabel und erfolgreich. Ihre Anwendung hängt von der Anlegerpersönlichkeit ab. Bei konservativen Wachstumswerten mit Konstanz in der Gewinnentwicklung dominiert klar die Buy-and Hold-Strategie. Für Neuemissionen kann man diese Methode dagegen nicht generell empfehlen. Am Neuen Markt fährt man mit der Trading-Strategie am besten. Hohe Volatilität, innerhalb kürzester Zeiträume, das ist die Welt der Trader.

Findex

AAC 95
Abwärtstrends 14
Afrika 95
Aktien, neue 118
Aktienindex 36
Alcatel 90
Anfangsgewinne 120
Angsthasen 50
Anlageentscheidung 46
Anlagefehler 48
Anlegerpersönlichkeit 43, 70
Anlegertyp 45
antizyklisch 33
Arbeitslosenquote 57
Asien 92
AT & T 80
ATX-Index 91
Aufgeld 27, 28
Aufkauf-Phasen 51
Aufwärtsphase 10
Aufwärtswellen 59
Außenhandelsüberschuß 57
Australien 94

Baisse 10
Baissiers 31
Bargeldreserven 45
BASF 82
Bayer 82
Bescheidenheitsfalle 47
Betriebswirtschaftler 57
Blue Chips 14, 50
Börsen-Typ 63
Börsendienste 105
Börsendogma 102
Börsenerfahrung 66
Börsengeschäfte auf Kredit 45
Börsengeschichte 14
Börseninformationen 48
Börsenkrach 14
Börsenneulinge 18
Börsenpersönlichkeit 43, 67
Börsenphilosoph 49
Börsenpragmatiker 49
Börsenregeln 101
Börsensäuglinge 51
Börsentagebuch 49
Börsianer-Typologie 48
Branchenbeste 17
Branchenpessimismus 18
Branchenrotationen 90
Branchenwachstum 57
Bremer Vulkan 24
Broken Hill 94
Buchgewinne 48
Buchwert 31, 85
Bullenfalle 36
BUS 82
Buy-and-Hold-Strategie 123

Call-Optionen 30
Calls 26
Candle-Stick-Charts 59
Canon 92
Casino-Aktien 13, 21
Chance/Risiko-Denken 43
Chance/Risiko-Kalkül 49
Chance/Risiko-Relation 70
Charttechnik 59
Chevron 32
Coca Cola 15, 56, 89
Covered Warrants 26
Crash-Monat 36

Daueraktionäre 50
Dauerempfehlung 105
Dax 90
De Beers 95
Depotgebühr 41
Depotmanagement 99
Depression 63
Derivate 26, 70
Deutsche Telekom 80
Deutscher Aktienindex 36
Direktbanken 40
Diskontsatz 58
Diskussionsphase 72
Distanz 66
Disziplin 47
Dividende 11
Dividendenrendite 45
Dow-Jones-Index 36, 88
dynamisch 64
dynamisch-zyklische Aktien 111

Einkaufsmöglichkeit 10
Elliott-Wave-Theorie 59
Emerging-Market-Länder 54
Energie 73
Energie-Knappheit 74
Energieentwicklung 75
Energieversorgung 56
Ericsson 91
Erneuerbare Energie 74
Ersteinsteiger 7
Erwartungshaltung 84
Euphorie 55
Europäische Börsenplätze 89
Exaktheit 49
Exxon 32, 73

Fallende Kurse 31
Fehlentscheidungen 100
Fehler 68
Fehleranalyse 66
Fehlkauf 100
Festnetz 79
Fiat 90
Ford 18
Freiverkehr 118

Fujitsu 78, 92
Fundamental-Analytiker 85
Fundamentale Analyse 49
Fundamentale Sicht 56

Ganzheitlicher Anlage-Typ 49
Garagenfirma 19
Gasvorkommen 74
Gefühl 49, 63
Geldanlage 47
Geldmengenwachstum 57
General Electric 15
General Motors 18
Gesundheit 81
Gewinn 56, 58, 101
Gewinner 33
Gewinnprognosen 36
Gewinnwachstum 11
Gewinnwarnungen 99, 108
Gillette 89
GKV 82
Gold 75

Halbjahres-Rhythmus 35
Halliburton 73
Handel, amtlicher 118
Hauptversammlung 86
Hausse 10
Hausse-Spirale 7
Haussiers 31
Hebelwirkung 26
Herabstufungen 108
Hewlett Packard 78
Highflyers 121
High-Tech-Unternehmen 19
Hitachi 92
Hochspekulative Aktien 12, 18, 70, 111
Höchstgewinne 47
Hoechst 82
Hongkong 92, 93

IBM 56
Index 11
Index-Optionsscheine 62
Indonesien 93
Inflationsrate 57
Informationen 41
Innovation 78
Intel 78
international 96
Internet 79
Internet-Anbieter 81
Internet-Nutzer 81
Interpretation 49, 51
Intra-Day-Trading 52
Intuition 49
Investor 10, 11, 44

Jahres-Planung 65
Jahreszeitenrhythmus 36

Kaufempfehlungen 105
Kaufstrategie 16, 25

KGV 84
Kommunikation 79
konjunkturabhängig 19
konservativ/defensiv 64
konservative Aktien 111
Konsolidierungsphase 54
Konsolidierungswellen 59
Konsum 76
Kreditgeschäfte 48
Kurs-Buchwert-Verhältnis 85
Kurs-Gewinn-Verhältnis 11, 24, 82
Kurse, fallende 31
Kursfeuerwerk 72
Kursschwankungen 18, 36
Kurzfristige Spekulation 52
Kurzfristige Zinsen 57
Kurzfristspekulation 52

Langfrist-Investment, 92
Langfrist-Trend 111
Langfristige Spekulation 55
Langfristige Zinsen 57
Lateinamerika 94
Laufzeit 26, 27
Leitbörse 87
Lethargie 63
Limit 34
Limitieren 37
Liquidität 57, 58

Maklergebühr 40
Malaysia 93
Markt
 – geregelter 118
 – Neuer 118
Markt-KGV 83
Markt-Kurs-Gewinn-Verhältnis 82
Marktpsychologie 49
Massenmeinung 47
Massenpsychologie 61
Mehrheitsmeinung 66
Merck 15, 81
Microsoft 78
Minengesellschaften 22
Mittel- und Langfristanleger 65
Mittelfristige Spekulation 53
Mobil 73
Mobiltelefone 79

Nachanalyse 49
Nachkauf 14
Nahrungsmittel 56
NEC 92
Nestlé 15, 77
Neuemissionen 24, 118
Neuer Markt 118
New York Stock-Exchange 88
New Yorker Börse 87
Nippon T & T 80
Nokia 91
Non-Valeurs 22
Norsk Hydro 91

Objektive Marktgegebenheiten 64
Ökonomie 61
Ölaktien 32, 73
Optionen 13, 30
Optionsscheine 13, 26
Osteuropa 91

Panik 55, 66
Penny-Stock-Aktiengesellschaft 19
Personal Computer 80
Persönlichkeit des Anlegers 43
Pessimismus 63
Pharma 56
Philip Morris 77
Platin 75
Porsche 18
Präzision 49
Prognosen 82
Provisionen 40
prozyklisch 33
Psychologie 61
Put-Optionen 30
Put-Optionsscheine 26

Qualitätsaktien 45

Regenerative Energieentwicklung 75
Rohstoff-Verbrauch 75
Rohstoffaktien 19
Rohstoffe 75
Rohstoffspekulanten 94
Royal Dutch 32, 73
Rußland 91

Saisonale Kursschwankungen 36
Sanierungsfälle 72
SAP 25
Schlumberger 73
Schweizer Aktienindex 36
Sero 82
Siemens 90
Silber 75
Singapur 93
Sony 92
Spekulant 10, 44, 46
Spekulationssteuer 53
Spesen 40
Spielerpapiere 22
Standard & Poors-Index 88
Stimmungen 66
Stock-picking 70
Story 71
Subjektives Anlegerprofil 64
Substanz 22
Südafrika 95
Südkorea 93
Südostasien 93
Sun Microsystems 78
Sydney 94

Tageshandel 52
Taiwan 93

Telefonos de Mexico 94
Telekom 79
Telekommunikation 56
Texas Instruments 78
Thailand 93
Tiefstpunkt 54
Tigerstaaten 93
Timing 13, 16, 18, 21, 24, 26, 30
Timing-Künstler 67
Timingverhalten 50
Tokio 92
Totalausverkauf 55
Totalverlust 16, 22, 28
Trading 123
Trading-Strategie 123
Trading-Transaktionen 10
Trend 111
Trendwende 55
Turn-Around-Aktien 54

Überempfehlung 105
Übernahmeangebot 71
Übernahmesituation 19
Überprüfbarkeit 49
Umsätze 99
Umwelt 82
Unilever 15, 77
Unterbewertete Aktien 31
Unternehmens-Neugründungen 24

Verfallstermin 26
Verlierer 33
Verlust 43
Verluste 101, 122
Verlustregel 102
Verstand 49, 63
Volkswagen 18
Volkswirtschaftler 57

Wachstumsaktien 12, 70
Wachstumsbranchen 56
Wachstumspapier 14
Wahljahre 37
Wall-Street 88
Wallstreet-Gurus 32
Wasser 75
Waste-Management 82
Western Mining 94
Wirtschaftswachstum 57
Wissenschaftlicher Anlegertyp 49

Zeithorizont 67
Zeitpunkt 7
Zinsen 58
 – kurzfristige 57
 – langfristige 57
Zinszyklus 13
Zocker-Aktien 22
Zombie-Aktien 22
Zukunftsinvestment 73
Zyklische Aktien 12, 16, 70

G U T S C H E I N

Aktuelle Börsenfavoriten

Wenn Sie die aktuellen Börsenfavoriten von Franz Rapf kennenlernen möchten, schreiben Sie einfach an:

Aktionärsclub Südwest
Stichwort „Aktuelle Börsenfavoriten"
Remsstraße 108
73614 Schorndorf

Tel.: 0 71 81 / 6 26 77
Fax.: 0 71 81 / 6 28 78

_____
Name, Vorname

_____
Straße, Haus-Nr./Postfach

_____
Postleitzahl, Ort

_____
Telefon

_____
Telefax

(Bitte geben Sie Ihre Adresse vollständig und gut lesbar an, ggf. mit Telefon und Fax. Danke.)